lonely planet

DE CERCA
SAN FRANCISCO

Alison Bing, Dylan Lalanne-Perkins
y Margot Seeto

Sumario

Puesta a punto 4

Arriba: 'fish & chips', Fisherman's Wharf (p. 43).
Abajo: puente Golden Gate (p. 46).

Explora San Francisco 41

Guía práctica 191

DESDE ARRIBA IZDA.: BENJAMIN HEATH FOR LONELY PLANET, TOPSYS PHOTOGRAPHY/SHUTTERSTOCK ©

★ Imprescindible

Merece la pena

El viaje empieza aquí

Pase lo que pase en el mundo, todo el año nacen flores en callejones con nombres de poetas radicales. Si San Francisco no existiera, habría que inventarla. La pequeña ciudad que estrenó la libertad de expresión, la cocina ecológica, los derechos LGTBIQ+, internet, las galletas de la fortuna y la IA ya está inmersa en su próximo gran sueño. La aventura está garantizada y los espíritus libres son bienvenidos. Solo hay que montar en tranvía y prepararse para un viaje inolvidable hacia el próximo hito de San Francisco. *Alison Bing*

Alison Bing
@alisonbing.bsky.social

Alison ha sobrevivido a auges, crisis, guerras de robots y eventos de arte performativo para contar historias solo de San Francisco a medios globales.

Dylan Lalanne-Perkins
in linkedin.com/in/dylanlalanneperkins

Dylan es un autor enamorado de su ciudad, San Francisco.

Margot Seeto
@beyondmeato

Margot es sanfranciscana de tercera generación, escritora independiente de viajes y gastronomía, y columnista de *dumplings* para SFGATE.

Línea de tranvía en California St (p. 72).

UVL/SHUTTERSTOCK

Van Ness Ave., California
59
& Market Streets
Kearny

LO MEJOR

Gastronomía

Con 46 cocinas internacionales en 18 km^2, San Francisco es un recopilatorio de grandes éxitos. Además, tiene el mayor número de estrellas Michelin de EE UU: hay que ir a descubrir la próxima.

Deleitarse con el arte en **Atelier Crenn,** cuya chef y propietaria Dominique Crenn se inspira en leyendas marítimas de la ciudad y en paisajes de Sonoma. (p. 56; foto)

Descubrir los ingeniosos platos californianos de autor de **Rich Table,** como la pasta *cacio e pepe* con *uni* (erizo de mar). (p. 170)

Disfrutar de la paleta de *chutneys* y de un delicioso curri de gambas de Kerala con esculturales *appam* (tortitas de arroz) en **Copra.** (p. 117)

Probar de todo en el **Ferry Building,** emblema de la gastronomía de la ciudad, con chefs estrella y mercados agrícolas semanales. (p. 66)

Probar fuertes sabores en **San Ho Won,** con menús degustación de filete coreano y guarniciones reconfortantes. (p. 135; foto)

Saborear el Mediterráneo en los suntuosos platos de **Dalida,** donde destacan los sabores de las rutas comerciales y los ingredientes de temporada. (p. 56)

Dcha.: Ferry Building (p. 66).

DESDE LA IZDA.: CITY FOODSTERS, CC BY 2.0, VIA WIKIMEDIA COMMONS ©, 9YZ, CC BY 4.0 VIA WIKIMEDIA COMMONS ©, WILLOWTREEHOUSE/SHUTTERSTOCK

LO MEJOR

Arte insólito

En San Francisco el arte salta de los marcos y los pedestales. Hay edificios enteros envueltos en murales, espectáculos inmersivos con sonido e imagen, e instalaciones interactivas que hacen que uno se sienta parte del arte.

Ver el lugar donde comenzó el muralismo de Mission, convirtiendo las puertas de los garajes de **Balmy Alley** en lienzos que plasmaban el orgullo cultural y las protestas. (p. 125)

Reconocer pioneras en el magnífico mural *Maestrapeace* que cubre el **Women's Building.** (p. 125; foto)

Sumergirse en la preparación de obras en las exposiciones de arte comunitario participativo de **Edge on the Square.** (p. 96)

Admirar carteles recién serigrafiados en el **Haight Street Art Center.** (p. 165)

Zambullirse en el panorama artístico de la ciudad en el **Minnesota Street Project** con exposiciones en galerías, ferias de arte independiente e inauguraciones en los First Saturdays. (p. 131; foto)

Caminar entre leyendas locales plasmadas en murales descomunales de la **Calle 24,** el Distrito Cultural Latino. (p. 126)

Dcha.: Balmy Alley (p. 125).

LO MEJOR

Orgullo y libertad

Con más de 175 años de historia LGTBIQ+ pionera, hitos y *looks* legendarios, San Francisco se consolida como el mejor lugar del mundo para ser homosexual o trans y sentirse orgulloso/a. Aquí los *queer* están como en casa.

Celebrar el **Mes del Orgullo de SF** en junio: el Festival de Cine LGTBIQ+ Frameline, la Marcha Trans (foto), la Marcha de las Lesbianas, la Fiesta Rosa y el Desfile del Orgullo. (p. 32)

Recorrer el **Rainbow Honor Walk** de Castro, con 68 placas en las aceras que rinden homenaje a iconos LGTBIQ+. (p. 146)

En agosto, descubrir de la historia trans de la ciudad; los actos culminan con la Riot Party en el primer **Distrito Cultural Transgénero** del mundo. (p. 75)

Conocer a iconos LGTBIQ+ que transformaron la cultura a su alrededor en el **GLBT Historical Society Museum,** con objetos históricos que muestran cómo lo hicieron, y llevarse ideas para casa. (p. 149)

Recibir azotes por una buena causa en la **Folsom Street Fair,** el enorme festival anual de perversiones del Distrito Cultural del Cuero y LGTBIQ de la ciudad. (p. 75; foto)

Dcha.: participantes en el Orgullo (p. 32).

LO MEJOR

Al aire libre

San Francisco ama la naturaleza: una lucha histórica ha protegido miles de hectáreas de parques, playas y bosques para disfrute de todos.

Sentir la naturaleza en el **Golden Gate Park:** flores en el Jardín Botánico, carreras de tortugas en el lago Stow (foto) y conciertazos. (p. 178)

Hacer un pícnic en los bancos con forma de madera de deriva, perfectos para ver el puente Golden Gate en **Tunnel Tops.** (p. 48)

Recorrer **Lands End** para llegar a una cueva marina secreta y a unas vistas desde los acantilados enmarcadas por pinos esculpidos por el viento. (p. 182)

Volar cometas en **Crissy Field** y relajarse en la pintoresca playa frente a la Bahía. (p. 48; foto)

Relajarse en el **Dolores Park,** rodeado de gente que toma el sol, celebraciones de cumpleaños, y niños en la pirámide de juegos. (p. 128)

Subir al risco rocoso y rojo de **Corona Heights** mientras se enciende la ciudad, y observar las luces arcoíris en Castro. (p. 148)

Dcha.: senda de Lands End (p. 182).

LO MEJOR

Contracultura

En San Francisco se da rienda suelta a las ideas más descabelladas: la ciudad es la prueba de que funcionan y cambian la cultura que las rodea.

Recorrer las aceras de **Haight,** donde arraigó el Flower Power en el Verano del Amor. Aquí siguen surgiendo movimientos contraculturales. (p. 158)

Contemplar cómo el arte *underground* emerge de las sombras en la muestra de grafitis de **Clarion Alley.** (p. 125)

Urdir guiones, poemas épicos y lemas de protesta inspirados en Ferlinghetti en el **Caffe Trieste** con un potente café exprés y ópera en la rocola. (p. 103; foto)

Calmar los oídos con punk en vinilo de **Thrillhouse** Records, una organización sin ánimo de lucro; los fines de semana hay conciertos gratuitos. (p. 130)

Brindar por las heroínas en el local *drag* **Aunt Charlie's,** en el cruce de caminos donde las mujeres trans lucharon contra el acoso policial en 1966. (p. 75)

Informarse sobre permacultura, privacidad en línea y cómics radicales en **Bound Together,** un colectivo anarquista de libros. (p. 165; foto)

Dcha.: señal del cruce de Haight y Ashbury (p. 161).

1500
Haight
600
Ashbury

LO MEJOR

Futurismo

En las superproducciones, Godzilla o los extraterrestres deambulan por las calles de San Francisco. Con sus coches autónomos, festivales *cyberpunk* y experimentos científicos interactivos, la ciudad es una fantasía de ciencia ficción.

Explorar los límites de la ciencia y el arte con los experimentos de **Exploratorium** diseñados por los ganadores de la MacArthur Genius Grant. (p. 47; foto)

Ver estrenos de películas de ciencia ficción del SFFILM Festival en el Letterman Theater de **Presidio,** construido por George Lucas para proyectar *La guerra de las galaxias*. (p. 48)

Unirse al futuro en los eventos de **Gray Area,** con visiones futuristas que fusionan arte, ciencia y tecnología. (p. 128)

Imaginar un mundo donde el arte y la tecnología no se juzguen por las ventas o los "me gusta", sino por su impacto a largo plazo, mientras se toman unas copas en **The Interval.** (p. 58; foto)

Contemplar el horizonte nocturno: destaca la instalación de arte digital **Salesforce Tower** de Jim Campbell, que presenta colaboraciones con bailarines de *ballet* de San Francisco, animadoras de Secundaria y superestrellas *drag*. (p. 78)

Dcha.: Salesforce Tower (p. 78).

LO MEJOR

Artesanía

En la ciudad está surgiendo un movimiento que combina tecnología sencilla con artesanía de calidad. Hay maravillas hechas a mano en ferias portuarias, actividades en el parque y espacios de creación artística en oficinas reconvertidas del centro.

Descubrir la nueva ola de artesanía en el **Museum of Craft & Design,** con alfombras que captan el cambio climático y botones que transforman ropa desgastada en prendas de gala. (p. 134)

Deleitar los sentidos en **West Coast Craft,** donde sabrosos alimentos artesanales, ropa hecha a mano con textura y fragantes velas inundan el antiguo almacén militar de Fort Mason. (p. 52)

Unirse a la revolución *maker* en **ICASF,** donde los artistas transformaron unas oficinas del centro en exposiciones de arte y un *makerspace* para que cada uno cree sus propias impresiones, fanzines, etc. (p. 74)

Captar la inspiración fresca de la ciudad en **Sharon Art Studio,** con talleres de vidrio, acuarela y joyería en pleno Golden Gate Park. (p. 179)

Sharon Art Studio (p. 179).

FILEDIMAGE/SHUTTERSTOCK

LO MEJOR

Música en vivo

Es difícil decir qué concierto quedará en la memoria, pero los celebrados en lugares emblemáticos de San Francisco suelen acabar en pósteres de coleccionista, preciadas camisetas y colecciones de vinilo de DJ.

Gritar "brava" a las divas de fama mundial en los estrenos de la **Ópera de San Francisco,** desde *Dead Man Walking* a *Monkey King* de David Hwang. (p. 76)

Oír improvisaciones de leyendas del *jazz* en las extraordinarias colaboraciones en el **SFJAZZ Center** con iconos del *soul*, bailarines de claqué, *skaters*, etc. (p. 167)

Rockear en el legendario **Fillmore Auditorium** y llevarse un póster gratis para presumir toda la vida. (p. 112; foto)

Dejarse llevar por el ritmo de un concierto de música contemporánea de la **Sinfónica de San Francisco,** ganadora de múltiples Grammy. (p. 76)

Conectar con desconocidos en espectáculos íntimos de grandes artistas, en el antiguo burdel que hoy es el barroco **Great American Music Hall.** (p. 80)

Disfrutar en **Outside Lands,** la versión moderna de Coachella, con tres días de artistas principales y fiesta en el Golden Gate Park. (p. 180; foto)

DESDE LA IZDA.: NTOTAL13/CC BY 2.0/WIKIMEDIA ©, JOSH WITHERS/SHUTTERSTOCK

SHEILA FITZGERALD/SHUTTERSTOCK

Asian Art Museum (p. 73.)

LO MEJOR

Museos

Los mejores museos de San Francisco son portales que ofrecen visiones del arte e ideas de todo el mundo y de todas las épocas que encajan perfectamente aquí, en la vanguardia creativa del continente.

Explorar las calabazas de lunares de Yayoi Kusama, el *One-Way Color Tunnel* de Olaf Eliasson y el rincón de meditación minimalista de Agnes Martin, y salir del **SFMOMA** con nuevas perspectivas. (p. 68)

Descubrir un mundo de inspiración en el **de Young Museum,** con exposiciones de arte en el sótano, fotografía en la planta principal, textiles en la planta superior y esculturas al aire libre. (p. 179)

Viajar por el tiempo y por Asia en una sola tarde en el **Asian Art Museum,** paseando junto a maravillas antiguas, por instalaciones de videoarte futuristas, hasta la soleada terraza de arte. (p. 73)

Curiosear las pequeñas galerías de **Legion of Honor,** con arte contemporáneo que invita a la reflexión, cuadros de valor incalculable y deslumbrantes artes decorativas. (p. 184)

LO MEJOR

Arquitectura

Los arquitectos modernos no intentan competir con el Golden Gate: pero no hay que perderse otros atractivos, como las llamativas casas victorianas *Painted Ladies,* los callejones *art déco* de Chinatown, y las antiguas salas de cine.

Fotografiar el **puente Golden Gate** desde Crissy Field o desde abajo, en Fort Point: su diseño *art déco* es espectacular. (p. 46)

Vivir la fantasía en el **Castro Theatre** (1922) de Timothy Pflueger: tras la fachada hispano-mexicana espera un auditorio de estilo *art déco* sino-italiano. (p. 146; foto)

Ver la **Transamerica Pyramid;** el cohete de hormigón de William Pereira es tan icónico que Godzilla lo esquivó cortésmente en el taquillazo del 2014. (p. 79)

Visitar las *Painted Ladies* de **Alamo Square;** son sorprendentes las escandalosas historias de estas elegantes casas victorianas. (p. 109)

Disfrutar del *art déco* en la **Aquatic Park Bathhouse,** un emblemático edificio de estilo *streamline moderne* de 1939 revestido con brillantes mosaicos. (p. 38)

Recorrer **Chinatown** para ver cómo la comunidad revitalizó su barrio tras el terremoto de 1906 con un característico estilo *art déco.* (p. 90; foto)

DESDE LA IZDA.: ALLARD ONE/SHUTTERSTOCK, CLA78/SHUTTERSTOCK

LO MEJOR

El Salvaje Oeste

Los días del Salvaje Oeste no terminaron aquí: aún hay bisontes, funciones de circo victoriano y en los *saloons* de la ciudad se intercambian historias fantásticas acompañadas de bebidas fuertes; solo que ahora hay agua corriente y aspirina.

Comenzar una pelea de *saloon* en el Salvaje Oeste y ver funciones de circo victoriano con un mutoscopio antiguo por menos de un dólar en el **Musée Mécanique.** (p. 54)

Ver como los búfalos deambulan por el **Buffalo Paddock** del Golden Gate Park, aunque en realidad son bisontes a los que no les apetece nada salir en estampida. (p. 178; foto)

Tomar un Pisco Punch en **Elixir,** el *saloon* original de Mission de 1858 y primer bar ecológico certificado de la ciudad. (p. 137)

Disfrutar de remedios milagrosos en el bar-botica victoriano **Devil's Acre,** donde hay deliciosas pociones con "amargos de la fiebre del oro" que aún salvan de los terribles peligros de la histeria y el tedio. (p. 102; foto)

Disfrutar de fuertes cócteles en el **Comstock Saloon,** donde los vaqueros orinaban en el abrevadero de mármol bajo la barra y hoy hay bandas de *ragtime* que amenizan la cola del baño. (p. 102)

DESDE LA IZDA.: DEE GOLDEN/SHUTTERSTOCK, P. AULAAH293/SHUTTERSTOCK

LO MEJOR

Experiencias 'drag'

En ningún otro lugar se practica el transformismo como en San Francisco, donde hay artistas vestidos de mujer desde la fiebre del oro, y las estrellas *drag* siguen conquistando corazones y victorias en derechos civiles con pestañas postizas y coraje.

Ir a los espectáculos *drag* de **Oasis** tan escandalosos que hacen reír, atragantarse y toser purpurina. Hay parodias de *Star Trek*, tributos a Alanis Morisette, fiestas de baile con DJ y mucho más. (p. 74)

Disfrutar las caóticas e impredecibles noches *drag* de **Aunt Charlie's Lounge.** (p. 75)

Admirar los arcoíris y las pelucas gigantescas (foto) que se abren paso entre la niebla veraniega para el **Desfile del Orgullo.** (p. 32)

Dejar la bebida y hacer *pogo* en los espectáculos *drag* del Orgullo Punk del **Chan National Queer Arts Center.** (p. 128)

Ponerse el mejor sombrero de Pascua para el **Hunky Jesus Contest,** el concurso *drag* benéfico de las monjas *drag* de la caridad, las Hermanas de la Perpetua Indulgencia. (p. 128)

Recibir ayuda de los expertos en moda *drag* de **Piedmont Boutique** para que cada cual vista a su *alter ego* de sirena, marinero o ambos. (p. 172; foto)

DESDE LA IZDA.: SHEILA FITZGERALD/SHUTTERSTOCK, P. AULAAH293/SHUTTERSTOCK

BENJAMIN HEATH FOR LONELY PLANET

City Lights Books (p. 92).

LO MEJOR

Literatura

En San Francisco es casi imposible dar un paso sin toparse con un lector o un escritor. El ambiente literario empapa las librerías cooperativas y animados eventos.

Celebrar el derecho a leer libremente en la Silla del Poeta de **City Lights Books,** símbolo de la libertad de expresión en la ciudad. (p. 92)

Oír historias de escritores demasiado atrevidas para imprimir en LitCrawl, el gran final del festival literario anual **Litquake.** (p. 132)

Mezclarse con escritores y artistas que se inspiran en **Adobe Books & Arts Coop,** gestionada por voluntarios y apoyada por los vecinos. (p. 139)

Salir de **Green Apple Books** con libros de cocina usados por chefs de la ciudad y novelas firmadas por autores locales. (p. 189)

Abastecerse de catalejos y revistas literarias recién publicadas en el centro de escritura y tienda de artículos piratas **826 Valencia.** (p. 139)

Dejarse inspirar en las firmas de autores de **Booksmith** y las sesiones de lectura silenciosa con ayuda de los cócteles del Alembic. (p. 164)

Lo mejor para niños

Pasar un rato con mariposas, pingüinos, caimanes y científicos de verdad en la **California Academy of Sciences** (p. 178).

Descubrir superpoderes que uno no sabía que tenía y explorar la ciencia más curiosa en el interactivo **Exploratorium** (p. 47).

Crear un *triathlon* infantil en el **Golden Gate Park** (p. 178): remar por el lago Stow, patinar en JFK Drive y atreverse con los toboganes en la ladera del parque.

Vivir una experiencia inolvidable en el **Pier 39** (p. 54): responder a los leones marinos, montar en dragones marinos en el antiguo carrusel y entrar en el túnel de tiburones del Aquarium of the Bay.

Conocer a héroes de cómic en las exposiciones del **Cartoon Art Museum** (p. 54), con los dibujos originales y portadas icónicas más soñadas por los coleccionistas.

Lo mejor gratis

Disfrutar gratis del **Hardly Strictly Bluegrass** (p. 180), con artistas de la talla de Elvis Costello, Gillian Welch, la leyenda del banjo Béla Fleck y otros 100 más en el Golden Gate Park.

Ver en la **Coit Tower** (p. 93) los murales que los censores de DC no querían mostrar y que revelan cómo era la vida real en la ciudad en la década de 1930.

Seguir las señales de humo hasta el **420 Festival** (p. 180) en el Golden Gate Park, con música y obsequios gratis para adultos con carnet.

Roquear entre las secuoyas en el **Stern Grove Festival** (p. 184), cuyo anfiteatro natural acoge gratis a leyendas del *funk*, punk, pop y ópera.

Contemplar maquinaria de hace 150 años en funcionamiento en el **Cable Car Museum** y apreciar más los trayectos en funicular.

Tres días perfectos

Un día o dos en San Francisco cautivan los sentidos con arte impresionante, conciertos animados y comidas deliciosas; tres días aquí elevan las expectativas a otro nivel.

Leones de mar, Pier 39 (p. 54).

DESDE LA IZDA.: BENJAMIN HEATH FOR LONELY PLANET, ERIN LENCZYCKI/LONELY PLANET, KIT LEONG/SHUTTERSTOCK, BENJAMIN HEATH FOR LONELY PLANET

PRIMER DÍA

Si solo se dispone de un día

MAÑANA

En Chinatown se descubre el arte de **Edge on the Square** (p. 96) y las increíbles historias reales de la **Chinese Historical Society of America** (p. 97). Se visita **Golden Gate Fortune Cookies** (p. 91; foto), y se vuelve sibarita con los libros de cocina de **On Waverly** (p. 103) y los utensilios de **Wok Shop** (p. 103).

TARDE

Se prueban *dumplings* en **Osmanthus Dim Sum Lounge** (p. 100), y se va en funicular a Fisherman's Wharf para conocer a los héroes de los cómics del **Cartoon Art Museum** (p. 54), luchar contra Space Invaders en el **Musée Mécanique** (p. 54) y ver leones marinos en el **Pier 39** (p. 54).

NOCHE

Cioppino de mariscos en **Scoma's** (p. 57). Cócteles en **Comstock Saloon** (p. 102), comedia en **Cobb's** (p. 98) o punk *rock* en **Mabuhay Gardens** (p. 98).

SEGUNDO DÍA

Un fin de semana

MAÑANA

Se pasea por el Golden Gate Park, con las flores del **San Francisco Botanical Garden** (p. 178) y las maravillas del **de Young Museum** (p. 179; foto). Se pasa un rato con los pingüinos de la **California Academy of Sciences** (p. 178) o se da un paseo por la playa de **Ocean Beach** (p. 181).

TARDE

Uno se deleita con *piroshki* calientes en **Cinderella Russian Bakery** (p. 187), y se va a Mission a ver murales y galerías, echar siestas disco en el **Dolores Park** (p. 128) y visitar las librerías y cafés de la **Calle 24** (p. 126).

NOCHE

Se pide un burrito en **La Taquería** (p. 135). No hay que perderse las funciones del **Chan National Queer Arts Center** (p. 128), **Roxie Cinema** (p. 128) u **Oasis** (p. 74). Se recorren las aceras iluminadas con los colores del arcoíris hasta los clubes de Castro.

TERCER DÍA

Una escapada

MAÑANA

Se experimenta en el **Exploratorium** (p. 47), cuyas exposiciones manipulativas desafían a detener el tiempo, esculpir niebla y sumergirse en la oscuridad total en la **Tactile Dome** (p. 47).

TARDE

Se descubre la gastronomía local junto a la Bahía en el **Ferry Building** (p. 66; foto). Se explora arte multimedia en el **SFMOMA** (p. 68), o se descubren tesoros artísticos internacionales en el **Asian Art Museum** (p. 73).

NOCHE

Uno se deleita con un menú degustación en **Benu** (p. 83) o con las creaciones de temporada en **Rich Table** (p. 170). Luego anima a los virtuosos en el famoso **SFJAZZ Center** (p. 167), la **Ópera de San Francisco** (p. 76) o la **Sinfónica de San Francisco** (p. 76). Después se disfruta de un buen ron en **Smuggler's Cove** o se va a los clubes de SoMa.

Con más tiempo

Se hace una escapada a **Alcatraz** (p. 60) en barco para una escalofriante visita nocturna al pabellón de celdas, con la oportunidad de tomarse fotos con el puente durante el trayecto en ferri; o bien un romántico crucero por la Bahía para contemplar la niebla sobre las torres *art déco* del puente Golden Gate. Se va a cenar a **Greens** (p. 56), donde se puede ver el puente centellear sobre el agua.

Se disfruta de un pícnic en **Presidio Pop Up** (p. 49) con la exquisita comida de gastronetas de **Tunnel Tops** (p. 48), cuyas mesas de pícnic tienen vistas al puente.

Para admirar de cerca el icónico puente **Golden Gate** (p. 46), se recorre a pie a primera hora de la tarde, cuando la niebla se levanta y revela la Bahía resplandeciente. Si no es hora punta, se recorre en bicicleta; en hora punta, se sube a la azotea de **Fort Point** (p. 49) para ver la parte inferior del puente, de color naranja internacional, y escuchar el ritmo del tráfico.

Alcatraz (p. 60).

FILIPPHOTOGRAPHY/SHUTTERSTOCK

Una excursión

Desde el Golden Gate, un desvío de solo 45 min lleva al **centro de Sonoma.** Allí uno se relaja en una colina soleada con una copa de vino bajo los robles centenarios del **Bartholomew Park Estate** *(bartholomewestate.com)*, donde comenzó la fiebre por la elaboración de vinos de California en 1857.

Otra opción es visitar los **Hanzell Vineyards** *(hanzell.com)*, donde se ven gallinas posadas sobre cerdos roncando en viñedos ecológicos; luego se va al granero de piedra a degustar un pinot noir con sabor a bruma matutina.

Se almuerzan tapas portuguesas en **Tasca Tasca** *(tascatasca.com)*, *panini* de *pastrami* en **Salumeria Ovello** *(ovellosonoma.com)* o tostadas de fletán salvaje en **El Molino Central** *(elmolinocentral.com)*.

En un día de lluvia

Ir al **Golden Gate Park** (p. 178) un día lluvioso puede parecer contradictorio, pero por muy gris que esté el día, en el **Conservatory of Flowers** (p. 178; foto) el ambiente es tropical, con orquídeas raras que florecen todo el año.

La aventura tropical sigue en la **California Academy of Sciences** (p. 178), cuyas mariposas azules revolotean en la **Osher Rainforest Dome.** También se puede escapar de la lluvia y del planeta en el **Planetarium.**

Para no mojarse, uno puede sumergirse en el arte del **de Young Museum** (p. 179), y subir en ascensor a la torre de observación para ver cómo se extiende la niebla por el parque.

DESDE LA IZDA.: SUPAVADEE BUTRADEE/SHUTTERSTOCK, BENJAMIN HEATH FOR LONELY PLANET

Prepararse

ANTES DE PARTIR

Tres meses antes Reservar alojamientos, sobre todo en junio o durante un festival.

Un mes antes Los mejores restaurantes, como Benu y Three Kings, abren las reservas 29 días antes. Conviene tener la tarjeta de crédito lista o ponerse en lista de espera.

Una semana antes Conseguir entradas para espectáculos, *spas* y reservas de bares de cócteles.

Costumbres

- **No mirar fijamente,** sin importar lo que lleve o cómo se vista una persona.
- **Pedir permiso antes de tomar fotos;** California tiene leyes estrictas que protegen los derechos de imagen.
- **Guardar el teléfono** para disfrutar de las comidas en restaurantes, películas y espectáculos en directo donde no se permite grabar vídeos.
- **Llamar a alguien** puede ser invasivo, aunque haya dado el número de teléfono; mejor un mensaje.

Apodos de San Francisco

En el Área de la Bahía se refieren a San Francisco (SF) como **"the City". "Frisco"** fue prohibido supuestamente por el autoproclamado emperador Norton del s. XIX, y ahora lo usan raperos y comediantes para provocar al público ("¿Qué tal, Frisco?"). **"San Fran"** incomoda a los vecinos y delata a quien lo dice como forastero. **"Karl the Fog"** es el nombre afectuoso para la niebla de SF y su presencia sarcástica en redes sociales.

Conviene saber

El **café** es una obsesión de SF. *Cortados* y *Gibraltars* son la misma bebida, con una proporción 1:1 de leche vaporizada y café exprés. Las tendencias cambian rápido: la del *pour-over* ya pasó pero el café yemení está por doquier, del puchero de latón al *iced latte.*

Los **cócteles** y vinos sin alcohol están en muchas cartas, incluso en *saloons* históricos y en las mejores coctelerías. Los bármanes saben que algunos disfrutan del sabor, la compañía y el ambiente sin los efectos del alcohol.

La **marihuana** es legal en California para uso privado para adultos mayores de 18 años. Se vende en dispensarios, que parecen *spas,* con productos en estantes. Están estrictamente regulados por el estado y la ciudad; se entra con carné. Por seguridad, nunca hay que comprar a vendedores ambulantes.

PROPINAS

Casi todos los trabajadores de servicios ganan el salario mínimo y dependen de las propinas para llegar a fin de mes. La rotación de personal es alta, y muchos trabajadores son nuevos y/o trabajan demasiado. Hay que ser amable y solo dar menos del 15% de propina si el servicio es pésimo.

1-2 US$
Bármanes/ baristas
por bebida (o 15-20%)

5-20 US$
Personal de limpieza
diario

15-25%
Camareros de restaurante

10-15%
Taxis y vehículos compartidos

PRESUPUESTO DIARIO

Económico Menos de 200 US$

- Cama de albergue: **35-75 US$**
- Burrito de Mission: **9-14 $**
- Murales de Mission: **gratis**
- Entrada de pie para la Ópera de SF: **10 $**

Medio Entre 200-350 US$

- Hotel: **150-200 US$**
- Comida en el Ferry Building: **30-50 US$**
- Entrada para espectáculo *drag*: **5-50 US$**
- Pase de transporte de un día de SFMTA: **15 US$**

Alto Más de 350 US$

- Hotel-*boutique*: **200-375 US$**
- Menú degustación de chef: **90-450 US$**
- Trayecto en Waymo: **20 US$**
- Pase de tres días del Outside Lands: **539 US$**

Moneda
Dólar estadounidense (US$)

Idioma
Sobre todo inglés, aunque el 44% habla otra lengua en casa, en general español o chino.

Hora local
Hora estándar del Pacífico (GMT/UTC -8 h)

KIT LEONG/SHUTTERSTOCK

TODOS SON BIENVENIDOS

La mayoría de los habitantes de San Francisco no nacieron en California: son de aquí por elección. SF se convirtió en la primera Ciudad santuario en 1989; inmigrantes, refugiados, comunidades LGTBIQ+ y gente de todas las culturas, religiones e identidades se sienten orgullosos de su hogar. Todo el mundo es bienvenido.

Cuándo ir

Si se tiene tiempo libre, San Francisco ofrece la mejor experiencia vital; solo hace falta abrigo y quizá algo de brillantina.

Se llegue cuando se llegue, siempre hay un espectáculo. Todo el año hay festivales de cine, música, arte, estrenos de teatro y celebraciones culturales. En esta ciudad multicultural e interreligiosa, las luces festivas iluminan las largas noches de Halloween, el Año Nuevo lunar, Holi, Nowruz, el ramadán, la Pascua judía, Semana Santa y el solsticio; algunos vecinos las mantienen encendidas todo el año. Se celebre lo que se celebre, los sanfranciscanos están encantados de celebrarlo con los demás, y si a uno le apetece disfrazarse y probar delicias culinarias, mejor.

Fiesta en las calles

Enero/febrero: Chinatown celebra el Año Nuevo lunar con mercados nocturnos y eventos; culmina con fuegos artificiales y tambores en el **Desfile del Año Nuevo Chino** (p. 96).

Abril: la primavera comienza con el **Festival de los Cerezos en Flor** (p. 113) de Japantown, cuando los tambores *taiko* encabezan los desfiles, la niebla sabe a *teriyaki* y artistas con enormes mazos golpean arroz en la *mochitsuki*.

Junio: es el **Mes del Orgullo** LGTBIQ+, con multitud de eventos, sobre todo el fin de semana final: el viernes es la mayor **Marcha Trans** del mundo, el sábado la **Marcha de las Lesbianas** coincide con la **Fiesta Rosa** de Castro, y el domingo es el **Desfile del Orgullo,** con un millón de asistentes.

Septiembre: en la **Folsom Street Fair** (p. 75), el enorme festival de las perversiones al aire libre en el distrito oficial de Cuero y LGTBIQ, hay azotes públicos con fines benéficos.

Clima

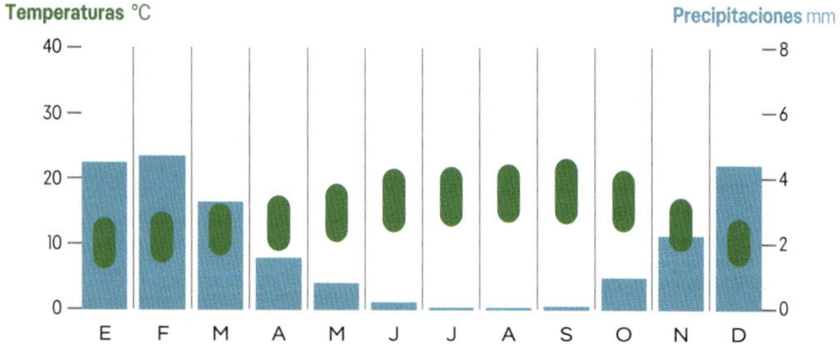

MICHAEL WARWICK/SHUTTERSTOCK

Desfile del Año Nuevo Chino (p. 96).

Festivales en abundancia

Abril: se pueden ver películas nominadas a premios internacionales en el **SFFILM Fest,** el festival de cine más antiguo de América, con más de 150 películas de 50 países durante dos semanas, y estrenos presentados por directores y estrellas.

Agosto: sigue habiendo momentos increíbles en **Outside Lands** (p. 180), un festival de primer nivel con tres días de actuaciones estelares en el Golden Gate Park, además de un desenfreno alegre en Wine Lands, Beer Lands y Grass Lands.

Septiembre: se celebra el **Portola Festival** (p. 133), una *rave* de fin de semana con música electrónica y leyendas del pop que actúan para multitudes extasiadas en el Pier 80.

Octubre: el paisaje de SF supera la ficción durante el **Litquake,** el festival literario más grande y loco de EE UU, con más de tres semanas de poesía oral y eventos con autores que culminan en una noche de las mejores historias jamás contadas de SF en LitCrawl.

INFORMACIÓN SOBRE ALOJAMIENTO

Hay que aprovechar los precios inferiores a 200 US$/noche en verano y esperar a las ofertas de invierno. Las tarifas hoteleras fluctúan entre la temporada alta de verano (jun-jul) y la baja (ene-feb), pero San Francisco tiene una visión poco convencional de las estaciones y de todo lo demás.

Cómo llegar

El Área de la Bahía tiene tres aeropuertos internacionales: San Francisco (SFO), Oakland (OAK) y San José (SJC). El centro urbano está a 25-60 min en coche del SFO; el BART es más económico y rápido.

Del aeropuerto al centro

BART

Los trenes del **Bay Area Rapid Transit** (BART; *bart.gov*) llevan al centro (30 min; 11,15 US$), y salen de la estación de la terminal internacional del SFO. Se puede comprar una **Clipper Card** física recargable en las máquinas de la estación del BART, o descargar la **'app' Clipper** *(clippercard.com)* escaneable para usarla en el BART, tranvías de Muni y ferris.

Viajes compartidos

Los servicios como **Lyft** y **Uber,** originarios de SF, llevan desde el SFO a cualquier destino de la ciudad (30-60 min; 40-60 US$, no incluye recargos ni propina). Hay que descargar la *app* antes y tener batería y wifi o datos para usarla. Los vehículos salen de las zonas designadas en la planta 5 del aparcamiento de la terminal nacional.

Taxi

Los taxis al centro y otros destinos de San Francisco salen de las zonas designadas fuera de la sala de recogida de equipajes de la planta baja del SFO (30-60 min; normalmente 55-65 US$, más propina). Para reservar con antelación, descárguese la *app* **Flywheel** *(flywheel.com)*.

Otros puntos de entrada

Estación de Emeryville

Amtrak *(amtrak.com)* da servicio a SF desde Emeryville (cerca de Oakland), con conexiones del autobús Thruway 99 al Salesforce Transit Center de SF. El pintoresco tren *Coast Starlight* de Amtrak conecta Los Ángeles con Seattle vía Emeryville (35 h; desde 292 US$); el *California Zephyr* conecta Chicago y Emeryville (51 h; desde 302 US$).

Salesforce Transit Center

Los autobuses de **Greyhound** *(greyhound.com)* conectan el Salesforce Transit Center con Los Ángeles (8-12 h; desde 39 US$) y destinos de todo el país.

Green Tortoise

Green Tortoise *(greentortoise.com)* organiza viajes a lo largo de la costa de California y a parques nacionales en autocares-cama de biodiésel (2-9 días; desde 298 US$).

Cómo desplazarse

La mejor forma de explorar San Francisco es en tranvía, bicicleta, patinete o a pie. Si uno se cansa de las subidas, puede usar el Muni o transporte compartido. Aparcar es difícil y caro; además las multas son elevadas. Debido a las calles de sentido único, las calles lentas y las cuestas, es mejor evitar conducir hasta que haya que irse.

A pie

San Francisco tiene más de 40 colinas, con escaleras que llevan a miradores con vistas increíbles. La costa es plana y pintoresca desde Dogpatch hasta Crissy Field, y el Golden Gate Park se extiende a lo largo de 50 manzanas hasta Ocean Beach.

Muni Metro y tranvía

Los horarios varían según la línea y el servicio. Los funiculares antiguos de la línea F (foto) son encantadores pero lentos, y poco frecuentes a partir de las 21.00. Las líneas de Muni Metro circulan bajo tierra en el centro; la ubicación de las estaciones se ve en *sfmta.com*. El billete cuesta 2,85 US$ con la **Clipper Card** *(clippercard.com)* recargable; está incluido en el Muni Visitor Passport (p. 37).

Funicular

El funicular original de San Francisco es una experiencia única: sin cinturones de seguridad ni frenos automáticos. Hay que agarrarse a un banco de madera o a una correa de cuero y prepararse para ir cuesta abajo. Los funiculares son pintorescos, lentos y frecuentes de 7.00 a 23.00. El billete sencillo cues-

DESDE LA IZDA.: NADIR KEKLIK/SHUTTERSTOCK, IV-OLGA/SHUTTERSTOCK

UNA 'APP' ESENCIAL

Para obtener pases de 1/3/7 días para funiculares, Muni Metro, autobuses y tranvías, descargar MuniMobile *(sfmta.com/getting-around/muni/fares/munimobile)*.

ta 9 US$; para más de un trayecto, es mejor el Muni Visitor Passport.

Viajes compartidos y robotaxis

Los servicios de **Lyft** y **Uber,** inventados en SF, son muy populares; puede haber largas esperas y/o precios altos en horas punta. Las tarifas fuera de las horas punta dentro de SF oscilan entre 7 US$ y 23 US$ por un trayecto directo al destino. También hay robotaxis a través de **Waymo** *(waymo.com),* la flota de coches autonómos de Google, mediante la aplicación Waymo One.

Autobús

Los autobuses de Muni muestran su número de ruta y destino final. Las rutas con X o R son servicios con paradas limitadas o exprés; las rutas Owl operan pasadas las 24.00. El billete cuesta 3 US$ en efectivo, 2,75 US$ con una Clipper Card recargable, y está incluido en el Muni Visitor Passport.

BART

La red de trenes **Bay Area Rapid Transit** (BART; *bart.gov*) conecta SF con East Bay y el SFO. En la ciudad, BART es la forma más rápida de llegar del centro a Mission; el billete con la Clipper Card cuesta 2,40 US$.

Bicicleta

Hay bicis compartidas en toda la ciudad a través de **Bay Wheels,** de Lyft *(lyft.com/bikes/bay-wheels);* hace falta casco. Se localiza una bicicleta disponible cerca y con la Clipper Card digital o la *app* de Lyft se escanea el código QR y se desbloquea. **San Francisco Bicycle Coalition** *(sfbike.org)* ofrece planos y normas de ciculación.

Información práctica

Paradas de Muni

Hay un **plano de calles y transporte de Muni** disponible gratis en línea *(sfmta.com)* y a través de la *app* MuniMobile. Algunas paradas de autobús y de tranvía de Muni tienen banco con marquesina; otras están indicadas por un cartel y/o una franja amarilla pintada en una farola con el nombre/letra de la ruta.

Formas de pago

En casi todos los medios de transporte se paga digitalmente con MuniMobile o con una Clipper Card reutilizable digital o de plástico. Se puede pagar en efectivo en los funiculares, autobuses y tranvías de Muni (no en el metro subterráneo); se paga el importe exacto. MuniMobile y las Clipper Cards deducen automáticamente el importe del viaje y aplican los transbordos: solo se deduce un viaje de Muni por cada 90 min. Se puede añadir una Clipper Card digital a la cartera digital para pagar con el móvil, o comprar por 3 US$ una Clipper

Card física en las máquinas de las estaciones de BART o de Muni Metro. Hay que acercar la Clipper Card a un lector para entrar y salir de BART y los ferris. Si el saldo de la Clipper Card es inferior al necesario para salir, se puede pagar la diferencia en una máquina Addfare.

Muni Visitor Passport

Para usar con frecuencia tranvías, metro, autobuses y funiculares de Muni, está el **Muni Visitor Passport** *(sfmta.com; pase de 1/3/7 días 15/35/47 US$)*. Se puede añadir un Muni Passport a la *app* MuniMobile o a la Clipper Card digital a través del sitio web o de una máquina de Clipper Card en las estaciones de BART y de Muni Metro. También se puede comprar un pasaporte físico en las máquinas de Muni; consúltese *sfmta.com* para conocer las ubicaciones exactas.

ZONAS TARIFARIAS

Las zonas tarifarias solo se aplican a BART y los ferris. Al validar la tarjeta al llegar al destino, las Clipper Cards deducen el importe correspondiente. Si uno olvida validarla, la Clipper Card cobra la distancia máxima.

CONSERVAR EL BILLETE

Si no se conserva el billete, la multa es de 130 US$.

TARIFAS

Tipo de transporte	Viaje sencillo (efectivo)	Viaje sencillo (Clipper/ MuniMobile)	Muni Visitor Passport
Funicular	9 US$	9 US$	incluido
Muni Metro	n/a	2,85 US$	incluido
Autobús y tranvía de Muni	3 US$	2,85 US$	incluido
BART	n/a	desde 2,40 US$	no incluido

Otra cara de San Francisco

En San Francisco uno puede comunicarse con leones marinos, pasar el rato con *hippies*, lucir piel sintética y hacer pogo como un profesional.

Los leones marinos mandan

Ellos llegaron primero: se adueñaron del codiciado Pier 39 en 1990, y cautivan a la multitud con sus travesuras. También se los ve en East Beach, en Crissy Field, o retozando en el Aquatic Park, donde a veces empujan a los nadadores. No hay que seguirlos: con velocidades de hasta 40 km/h, son más rápidos que un nadador olímpico. Aunque no se los vea por el paseo marítimo, se los oye: son los vecinos más charlatanes.

Cualquier excusa sirve para disfrazarse

El juego favorito en la calle es adivinar adónde va alguien según el atuendo. Con una peluca gigante podría ser una *drag queen* que va a actuar a **Oasis** (p. 74) o una cliente de **Cliff's Variety** (p. 155) con un nuevo *look* para el *brunch*. Las gafas *steampunk* podrían ser para ir al Burning Man o a conferencias retrofuturistas en **Gray Area** (p. 128). Los pantalones de cuero con medias de red son perfectos para la **Folsom Street Fair** (p. 75) o para una noche en **Stud** (p. 74). Las camisetas desgarradas de Metallica se ven al salir de un concierto sorpresa de **Independent** (p. 112) o yendo a un concierto de Metallica con la **Sinfónica de San Francisco** (p. 76).

Siempre son las 4.20

El reloj de **Haight & Ashbury** (p. 161) está parado a las 4.20, que desde 1971 es la Hora Internacional de Fumar Bong. Un taller de reparación de relojes cercano lo arregló, pero a los pocos días volvió

FUERA DE RUTA

Los bisontes recorren el **Buffalo Paddock** del Golden Gate Park (p. 178) desde 1891.

Faight Collective (p. 166) es ideal para quien siempre quiso inventar posturas de yoga, burlarse de su ex en monólogos cómicos o hacerse tatuajes caseros.

Vale la pena explorar el sonido en las "composiciones de cámara" de 90 min de **Audium** (p. 112), desde el zumbido de un *muscle car* a los silbidos de una bocina de niebla.

Si uno escapa por poco de una invasión alienígena junto a dibujantes de cómics, se encontrará con todos ellos en **Noc Noc** (p. 171).

NEVSKII DMITRII/SHUTTERSTOCK

Asistente a la Folsom Street Fair (p. 75).

a pararse a las 4.20. El ambiente en Hippie Hill es más aromático de lo habitual el 20 de abril, día del **420 Festival** (p. 180), cuando hay conciertos gratuitos y se degustan productos de cannabis para celebrar los exitosos esfuerzos por legalizar la marihuana. Hay más de 50 dispensarios autorizados en la ciudad, incluido el mejor diseñado de EE UU según *Architectural Digest,* el **Apothecarium** (p. 155) de Castro. La lista de dispensarios y la legislación vigente están en **California Cannabis** *(californiacannabis.org/city/san-francisco).*

El punk no ha muerto

El punk explica mucho sobre SF: si uno aprende tres acordes y forma una banda, solo hay que imaginar lo que puede lograr. La ola punk de las décadas de 1970 y 1980 (Dead Kennedys, Avengers, Operation Ivy) sigue vigente (Green Day, Rancid, La Plebe). Se puede disfrutar de lo último en los legendarios locales de punk **Bottom of the Hill** (p. 130), **Mabuhay Gardens** (p. 98), **Savoy Tivoli** (p. 98) y **The Knockout** (p. 130). Jello Biafra, líder de Dead Kennedys, se presentó a la alcaldía en 1979 con un programa escrito en una servilleta de bar, que exigía a los empresarios llevar zapatos de payaso. Quedó tercero y su nombre aún aparece escrito a mano en muchas papeletas. El punk está por doquier: festivales de *cyberpunk* en **Gray Area** (p. 128), cómics *underground* en Mission (p. 134), el Orgullo Punk *drag* en el **Chan National Queer Arts Center** (p. 128). Para volverse punk basta con colgar un póster de **Thrillhouse Records** (p. 130) y montar un grupo.

Explora San Francisco

Merece la pena

Circuitos a pie

El Downtown y el horizonte (p. 63).
IM_PHOTO/SHUTTERSTOCK

Sugerencias de lugares para comer, beber y comprar en **p. 56**

Por Alison Bing

Explora
Presidio, Marina y Fisherman's Wharf

Durante siglos, el estrecho de Golden Gate fue la entrada principal a San Francisco; de ahí los pecios que salpican sus costas. El puente Golden Gate ofrece un acceso más fácil y vistas espectaculares. La base militar de Presidio, hoy reserva costera, permite descubrir aves costeras poco comunes en una pista de aterrizaje recuperada, esculturas de valor incalculable escondidas en el bosque y la zona nudista de Baker Beach. Marina cuenta con un fuerte frente al mar repleto de arte, bares y *boutiques* elegantes en antiguos pastizales. En Fisherman's Wharf, se ven leones marinos, caricaturistas legendarios, expertos en *pinball*, genios científicos y marineros curtidos.

Cómo desplazarse

Autobús
Los autobuses de Muni conectan Wharf, Marina y Presidio con otros lugares; Golden Gate Transit cruza el puente; y los buses de Presidio GO van a los parques de Presidio. Conviene descargar planos y horarios; la cobertura es variable en Presidio.

A pie
La mejor forma de ver Fisherman's Wharf y Presidio es por libre, con paradas para divertirse y tomar fotos.

Bicicleta
Hay bicis de alquiler con recogida en Presidio y/o Wharf para recorrer la costa; el fin de semana hay que reservar.

Puente Golden Gate (p. 46).
BENJAMIN HEATH FOR LONELY PLANET

LO MEJOR

TOMAR FOTOS
Puente Golden Gate (p. 46)

SOLÁRIUM
Crissy Field (p. 48)

MARAVILLA CIENTÍFICA
Exploratorium (p. 47)

FAUNA URBANA
Leones marinos del Pier 39 (p. 54)

LUGAR PARA PÍCNIC
Tunnel Tops (p. 48)

A
B
C
D
1
2
3
4
5
6
Cow Hollow
Francisco St
Chestnut St
Lombard St
Moulton St
Greenwich St
Pixley St
Filbert St
Union St
Divisadero St
Scott St
Pierce St
Steiner St
Fillmore St
COW HOLLOW
0
250 m
16
18
20
21
22
24
25
40
41
43
44
50
51
52
53
55
Puente Golden Gate
Fort Point
Centro de visitantes del puente Golden Gate
Military Intelligence Service Historic Learning Center
Crissy Field
Old Mason St
39
49
Tunnel Tops
Palace of Fine Arts
5
Baker St
Broderick St
Richardson Ave
1
Walt Disney Family Museum
23
MAIN POST
Cementerio militar nacional de San Francisco
Presidio de San Francisco
Presidio Officers' Club
Lyon St
PRESIDIO
Presidio de San Francisco
Campo de Golf de Presidio
Spire
Pacific Ave
Lake St
California St
Park Presidio Blvd
RICHMOND
Geary Blvd
0
500 m
Bahía de San Francisco
Fort Mason Center
Magic Theatre
3
2
26
4
BATS Improv
42
19
38
Marina Blvd
Fort Mason
Franklin St
Victoria Park
Macarthur Ave

E
F
G
H
0
2 km
Alcatraz
Más información
Imprescindible p. 46
Experiencias p. 52
Comer p. 56
Beber p. 57
Comprar p. 58
1
2
3
4
5
6
Bahía de San Francisco
Véase "Fisherman's Wharf"
Aquatic Park
Marina Green
Oceanic Society
9
Marina Blvd
THE MARINA
Beach St
Fort Mason
Beach St
North Point St
Bay St
FISHERMAN'S WHARF
NORTH BEACH
48
Cervantes Blvd
Scott St
Bay St
Polk St
Larkin St
Hyde St
Leavenworth St
Columbus Ave
Exploratorium
Polideportivo George R. Moscone
Chestnut St
Lombard St
Greenwich St
Van Ness Ave
Filbert St
Union St
Green St
Vallejo St
RUSSIAN HILL
Broadway
Taylor St
Mason St
Powell St
Véase "Cow Hollow"
COW HOLLOW
17
Buchanan St
Laguna St
54
45
Franklin St
Fisherman's Wharf
Sea Forager Expeditions
14
USS Pampanito
15
Musée Mécanique
7
11
Red & White Fleet
Adventure Cat
10
12
Pier 39
34
29
Fisherman's Wharf
31
33
Lovely Martha
13
The Embarcadero
The Embarcadero
Aquatic Park
Jefferson St
36
37
32
Beach St
Cartoon Art Museum
Maritime Museum
8
46
6
30
27
Taylor St
Mason St
Powell St
North Point St
47
Stockton St
28
35
Van Ness Ave
Polk St
Larkin St
Hyde St
Leavenworth St
Columbus Ave
FISHERMAN'S WHARF
Bay St
Francisco St
E
F
G
H

★ IMPRESCINDIBLE

Puente Golden Gate

Ningún otro puente ofrece un espectáculo como este. La bruma matutina se disipa y muestra el Golden Gate, de color naranja rojizo resplandeciente contra el cielo azul. No hay que perderse el atardecer: mientras la niebla envuelve el tráfico, las torres *art déco* flotan sobre las nubes. Es mágico.

PLANO P. 44 **A2**

CONSEJO
Si uno siente frío o se cansa de caminar los 2,73 km del puente, hay autobuses de Golden Gate Transit para volver desde el peaje norte.

Escanea este código QR para información sobre el puente y visitas guiadas gratuitas.

Diseño icónico

Cuesta imaginar San Francisco sin su icónico puente colgante *art déco,* pero el Departamento de Guerra de EE UU casi rechazó este diseño en favor de un achaparrado puente de hormigón con franjas amarillas de precaución. Los arquitectos Gertrude Comfort Morrow e Irving Morrow comprendieron que, si bien un barco puede pasar de noche, los habitantes de la ciudad tendrían que convivir con el puente a diario. En colaboración con el ingeniero Joseph B. Strauss, los Morrow presentaron una contrapropuesta que armonizara con el entorno natural: un elegante puente colgante pintado de un tono llamado Naranja Internacional. Aunque el Departamento de Guerra era propietario de los terrenos a ambos lados, la ciudad fue quien dio luz verde al ingenioso diseño.

Hazaña que desafía la muerte

En el **centro de visitantes del puente Golden Gate** se ven impresionantes fotografías antiguas de precarias obras de construcción: remachadores en equilibrio sobre cables oscilantes a 80 pisos de altura y buzos sumergidos a 33,5 m de profundidad con solo una manguera para respirar. Es admirable el color del puente, que aún hoy retocan 34 intrépidos pintores colgados de las torres de 233 m de altura.

★ IMPRESCINDIBLE

Exploratorium

¿Se puede detener el tiempo, esculpir la niebla o hacer que cante la arena? En el laboratorio viviente de ciencia y percepción humana de San Francisco, uno descubre habilidades que no sabía que tenía, y sale de las exposiciones interactivas con una renovada sensación de asombro.

PLANO P. 44 **H3**

Experimentos que expanden la mente

¿Existe una ciencia detrás del *skateboard*? ¿Cómo de grande es el punto ciego? ¿Puede el plancton hacer arte? En el Exploratorium, diseñadores ganadores de la beca MacArthur Genius crean más de 700 exposiciones interactivas que estimulan los sentidos: uno puede probar peinados con electricidad estática y bailar con su propia sombra de arcoíris en una sala de refracción de luz.

Tactile Dome

Hay que descalzarse para entrar a esta cúpula geodésica, y de pronto a uno lo envuelve la oscuridad. Toca confiar en el sentido del tacto para recorrer un intrincado laberinto y salir de él. Hace falta reserva, calcetines y entrada aparte.

Laboratorio de aprendizaje

Las exposiciones del Exploratorium's se inspiran en Frank Oppenheimer, un físico que trabajó con su hermano Robert en la bomba atómica, pero que fue incluido en la lista negra durante la era McCarthy y al que se le prohibió investigar. Dedicó el resto de su vida a promover la ciencia para el interés público, impartiendo clases en escuelas secundarias públicas y fundando en 1969 el Exploratorium, que ocupa el Pier 15, incluido el misterioso **Fog Bridge** y otras exposiciones gratis al aire libre.

CONSEJO
Los **After Dark Thursdays** *(18.00-22.00; 23 US$)*, mayores de 18 años se reúnen para eventos, exposiciones, probar cócteles fluorescentes y cantar con ayuda de la tecnología. Hay que reservar.

Escanea este código QR para horarios, entradas y eventos.

★ IMPRESCINDIBLE

Presidio

Espías, Yoda, esculturas de Andy Goldsworthy, dibujos de Walt Disney: los secretos mejor guardados de la ciudad se descubren en los senderos de Presidio. Esta antigua base militar es un parque público lleno de atractivos, incluidas las impresionantes vistas del Golden Gate antes reservadas a altos mandos y viajeros.

PLANO P. 44 **B4**

CONSEJO
Los guardas de Presidio hablan en las **Tunnel Tops Campfire Talks** *(gratis, 16.00)*, sobre los legendarios sanadores autóctonos, los Soldados Búfalo y los espías de la Guerra Fría cuyos pasos sigue el visitante.

Escanea este código QR para las rutas del parque, eventos y aventuras por libre.

Vuelta a la naturaleza

Presidio, una base militar española construida en 1776 por reclutas ohlones, fue declarado Parque Nacional tras dejar su función militar en 1996. Para que resurgiera la fauna y flora, se soterró el tráfico, permitiendo vistas magníficas en el parque **Tunnel Tops** y el parque infantil **Outpost Playground.** En días de calor, la gente va a **Baker Beach,** cala con vistas al Golden Gate, donde se toma el sol desnudo tras las rocas en la zona gay y nudista (no se pueden tomar fotos). Los que prefieren hacer pícnic y castillos de arena se quedan en la parte sur.

Sendas felices

El sendero de 3 km **Ecology Trail** atraviesa secuoyas hasta Inspiration Point, y llega a la joya artística de Presidio: **'Spire'.** de Andy Goldsworthy, hecha con cipreses recuperados. Los más aventureros recorren la senda de 4,3 km **Batteries to Bluffs Trail,** que serpentea sobre Baker Beach. **Crissy Field** es una antigua pista de aterrizaje militar donde los niños juegan a atrapar cometas, y los windsurfistas surcan las aguas a lo largo de **East Beach.** Pasear, correr, pedalear, patinar o rodar por los senderos accesibles en silla de ruedas es posible de Fort Point al Golden Gate.

Secretos militares revelados

Durante dos siglos, Presidio se preparó para invasiones que nunca llegaron. Se instalaron 102 cañones en

BRYAN KELLEY/SHUTTERSTOCK

Fort Point *(gratis; 10.00-17.00 vi-do)* para la guerra de Secesión, pero los barcos confederados nunca llegaron. Los cañones de **Battery Bluff** tampoco se dispararon, y las operaciones con misiles nucleares Nike en **Battery Caulfield** se suspendieron en 1974. El **Presidio Officers' Club** estuvo cerrado a civiles durante mucho tiempo; ahora su **Heritage Gallery** *(gratis; 11.00-16.00 vi-do)* exhibe la historia de Presidio como territorio ancestral del pueblo ohlone durante más de 10 000 años y su servicio militar a España, México y EE UU. En el **Military Intelligence Service Historic Learning Center** *(njahs .org/building-640; adultos/niños 10 US$/gratis; 12.00-17.00 sa y do)* se ve dónde se entrenaron para misiones de alto riesgo de la II Guerra Mundial los soldados estadounidenses de origen japonés mientras sus familias eran encarceladas como supuestos "enemigos extranjeros".

UNA PAUSA
Si alguien se olvidó de llevar pícnic hay gastronetas de **Presidio Pop Up** en Parade Grounds de 9.00 a 15.00 (hasta 16.30 fin de semana).

CIRCUITO A PIE

Explorar el lado salvaje de Wharf

Hay que prepararse para una tarde de acción: tomarse selfis con leones marinos, ver tiburones de cerca, subir a un submarino y compartir historias con marineros mientras se disfruta de un café con licor. Aunque Wharf es turístico (sus atracciones atraen a público de todas las edades), este paseo revela su lado salvaje.

INICIO	FINAL	DURACIÓN
Pier 39	Buena Vista Cafe	1,61 km; 1 h

1 Tomar el sol junto a leones marinos

Uno puede sacarse un selfi con estos mamíferos marinos. Cuando se apoderaron del **Pier 39** (p. 54) en 1990, California reconoció sus derechos de ocupación y los dueños de los yates tuvieron que ceder sus amarres para darles cabida. Hay que mantener una distancia prudencial: son adorables pero marcan su territorio.

2 Bajar al tanque de tiburones

Se cruza el muelle para caminar bajo el agua en el **Aquarium of the Bay** (p. 55). Se baja a las cámaras submarinas con tanques de medusas luminiscentes, y se entra en tubos de vidrio que se adentran en la Bahía. De pronto uno está rodeado de tiburones que nadan en círculo y mantarrayas.

3 Ver el lugar más alucinante de la ciudad

El **Longshoremen's Union Hall,** que lleva el nombre de Bill Chester, líder sindical afroamericano de SF en la década de 1930, trabaja mucho y disfrutó también en el Trips Festival de 1966, donde los asistentes echaron al ponche LSD, que entonces era legal. El resto es historia *hippie:* Bill inauguró el festival Fillmore con Grateful Dead; el organizador Stewart Brand tuvo una alucinación con un ordenador militar del tamaño de la palma de la mano, 40 años después; Steve Jobs le agradeció a Brand la inspiración.

4 Entrar en un submarino

Es posible sumergirse en la historia en el Pier 45 dentro del **USS 'Pampanito'** (p. 55), un submarino de 1943 que sobrevivió a la II Guerra Mundial y que narra historias de batallas con torpedos en sus audioguías. En las cubiertas inferiores se puede inspeccionar las misteriosas válvulas hidráulicas que hacen que la minimalista tecnología moderna parezca aburrida: estos instrumentos, aparentemente arcaicos, permitieron al *Pampanito* soportar inmersiones de hasta 183 m. Los camarotes son estrechísimos.

5 Los juegos más salvajes del Oeste

Se pueden vivir emociones fuertes a precios asequibles en la enorme nave para barcos del Pier 45 que ahora alberga la galería de juegos antiguos **Musée Mécanique** (p. 54). Por 1 US$ se puede participar en una pelea de *saloon* del Salvaje Oeste, competir con coches clásicos y salvar el planeta de asteroides.

6 Pausa para un café

Tras el recorrido toca disfrutar de la bebida predilecta de aquí: un café irlandés con licor en el **Buena Vista Cafe** (p. 58), el *saloon* donde las mesas compartidas y el crujiente suelo de madera han sobrevivido a un siglo de traqueteo. De postre, budín de pan de masa madre bañado en *whisky*, por supuesto.

EXPERIENCIAS

Ver la magia del cine de Presidio
RECUERDOS DE PELÍCULAS

PLANO: 1 P. 44 C3

Los amantes de las heroínas de cuentos de hadas y leyendas de ciencia ficción *jedi* pueden ver cómo se hicieron sus películas animadas de Disney favoritas en el **Walt Disney Family Museum** *(waltdisney.org; adultos/estudiantes/niños 25/20/15 US$),* donde contemplarán acetatos de animación antiguos, además de exposiciones sobre las pioneras diseñadoras que hicieron posible la magia de Disney. George Lucas, creador de *La guerra de las galaxias,* transformó el antiguo hospital militar de Presidio en la sede de Lucasfilm en el Letterman Campus; los fans se sacan selfis junto a la fuente de Yoda de delante. Cuando el edificio está abierto, se ven recuerdos de películas en el vestíbulo, y la web de **SFFILM** *(sffilm.org)* ofrece información sobre las proyecciones del festival en su vanguardista Premier Theater.

Hacer el arte y no la guerra en Fort Mason
COMPLEJO DE ARTES

PLANO: 2 P. 44 C6

Durante la II Guerra Mundial, el **Fort Mason Center** *(fortmason.org; gratis)* distribuyó 23 millones de toneladas de suministros; ahora inspira creatividad a 1,4 millones de visitantes al año. **SF Camerawork** *(sfcamerawork.org; gratis),* ubicada en el muelle, expone a fotógrafos de vanguardia desde 1974; la **Haines Gallery** *(hainesgallery.com; gratis)* muestra a artistas contemporáneos como Ai Weiwei; y **Arion Press** *(arionpress.com; gratis)* presenta colaboraciones de libros de arte impresos a mano. En el muelle de Fort Mason, Herbst Pavilion organiza eventos como **FOG Design+Art** *(fogfair.com; entrada 35-40 US$)* en invierno, la **San Francisco Art Fair** *(sanfranciscoartfair.com; entrada 35-65 US$)* en primavera, y la **Renegade Craft Fair** *(renegadecraft.com; gratis)* y la **West Coast Craft Fair** *(westcoastcraft.com; gratis)* en verano y otoño. **Flax Art & Design** *(flaxart.com)* ofrece inspiración con sus materiales de arte y manualidades.

Espectáculos en vivo en Fort Mason
ARTES ESCÉNICAS

Desde 1967, el **Magic Theatre** (PLANO: 3 P. 44 C6; *magictheatre.org; 35-75 US$)* presenta obras innovadoras como *Jerry Garcia in the Lower Mission,* además de ofrecer servicios de *jazz* experimental para la iglesia de San John Coltrane. El **Bay Area Theater Sports** *(alias BATS Improv;* PLANO: 4 P. 44 C6; *improv.org; adultos/estudiantes 25/20 US$)* muestra espectáculos de comedia improvisada. Se puede reservar en línea un taller de improvisación.

Poses en el Palacio de Bellas Artes

MONUMENTO

PLANO: 5 P. 44 D3

El **Palace of Fine Arts** *(palaceoffinearts.com; gratis)* no se esperaba que perdurara. Bernard Maybeck, destacado arquitecto del movimiento Arts and Crafts, construyó esta ruina grecorromana en yeso para la Exposición Internacional Panamá-Pacífico de 1915, pero la ciudad lo conservó como recuerdo tras la feria, y lo reconstruyó con hormigón. Se ve a parejas de bailes de graduación y novias que tiritan posando para fotos bajo el friso de la rotonda, que muestra "el arte atacado por los materialistas, y a los idealistas saltando a su rescate".

Arte submarino en el museo

OBRAS DE ARTE

PLANO: 6 P. 44 E6

Este edificio Streamline Moderne de 1939 con forma de barco está decorado con obras de temática marina que eclipsan las exposiciones temporales del **Maritime Museum** *(maritime.org; gratis)*. Cada planta exhibe obras *art déco* de la década de 1930: murales surrealistas submarinos en el vestíbulo, obra de Ann Sonia Medalie y Hilaire Hiler; esculturas de focas y sapos en el entresuelo, de Beniamino Bufano, y murales de remolcadores y suelos ondulados de terrazo de Shirley Staschen y Richard Ayer. El escultor vanguardista afroamericano Sargent Johnson creó la marquesina de pizarra verde tallada, además de los mosaicos acuáticos de la veranda, junto con al artista marroquí Mohammed Zyani. Como protesta por los planes de incluir un casino privado en este edificio público, Johnson dejó sin acabar los mosaicos del lado este y al final ganó: el ala este es ahora un centro para la tercera edad.

LA FIESTA DEL SIGLO

La ciudad se reconstruyó por completo tras el terremoto de 1906, y para celebrar su resurgimiento y la inauguración del Canal de Panamá, se montó la **Exposición Internacional Panamá-Pacífico** de 1915. Había un inconveniente: SF no era lo bastante grande para albergar a todos. Se rellenaron terrenos en la costa norte para dar cabida al recinto ferial, que abarcó casi 400 manzanas. La Expo lo tenía todo: la Torre de las Joyas (133 m de altura), con 100 000 gemas de cristal tallado; tecnología deslumbrante, incluida una máquina de escribir Underwood de 14 toneladas; arte moderno vanguardista; y eventos innovadores, como la Conferencia Internacional de Mujeres Trabajadoras para Promover la Paz.

LAS MEJORES FORMAS DE ZARPAR

Cuando se disipa la niebla y brilla el sol en la Bahía, solo algo supera los paseos por la costa: navegar.

Oceanic Society

PLANO: 9 P.44 E3

Salidas de avistamiento de ballenas en el Pacífico con naturalistas en época de migraciones *(oceanicsociety.org; 7½ h; 300 US$/persona).*

Adventure Cat

PLANO: 10 P. 44 H5

Excursiones en catamarán por la Bahía; también escapadas Sail and Jail a Alcatraz *(adventurecat.com; 1½ h adultos/niños 35/75 US$, Sail and Jail 125 US$).*

Red & White Fleet

PLANO: 11 P. 44 G5

Cruceros románticos al atardecer desde 1892. Los barcos de tres pisos cuentan con bares completos y tentempiés *(redandwhite.com; 1 h adultos/niños 39/29 US$, 2 h al atardecer 58/38 US$).*

Juegos en el Musée Mécanique

RECREATIVOS

PLANO: 7 P. 44 G5

La enorme nave de barcos del Pier 45 contiene a duras penas esta colección de más de 300 atracciones mecánicas antiguas. Por 1 US$, en el **Musée Mécanique** *(museemecanique.com; gratis)* se puede jugar a Space Invaders, hacer que un mago robótico lea el futuro o quedar hipnotizado por una noria hecha de palillos.

Conocer superhéroes en el Cartoon Art Museum

MUSEO

PLANO: 8 P. 44 E6

Financiado por Charles M. Schultz, leyenda del cómic de SF y creador de *Snoopy,* el **Cartoon Art Museum** *(cartoonart.org; adultos/niños 10/4 US$)* exhibe clásicos del cómic, como portadas de *Batman,* tiras de *Calvin y Hobbes,* monstruos góticos de Edward Gorey y las innovadoras historietas feministas de Trina Robbins. En los eventos, uno se codea con leyendas del cómic y animadores locales de Pixar.

Diversión familiar en el Pier 39

ZONA DE OCIO

PLANO: 12 P. 44 H5

En 1990, los leones marinos ocuparon los muelles para yates del **Pier 39** *(pier39.com; gratis)* y desde entonces son un espectáculo público: aquí se relajan hasta 2100 de estos queridos animales. Las familias disfrutan del ambiente de parque de atracciones del Pier 39 sin entradas prohibitivas: el antiguo **Carrusel de San Francisco** *(10.00-20.00; 6 US$)* brilla con 1800 luces y monumentos locales pintados

ROSIE LA REMACHADORA Y LA CONSTRUCCIÓN NAVAL

En la II Guerra Mundial, llegaron a la Bahía mujeres y hombres para trabajar en la construcción naval. De ahí el póster de Rosie la Remachadora, una mujer que proclama "We Can Do It" ("Podemos hacerlo"); la modelo fue Naomi Parker Fraley, constructora naval. Aquí trabajaron muchas horas para cambiar el curso de la II Guerra Mundial, y construyeron un barco completo cada día mientras duró la contienda. Para la década de 1950, las mujeres de la Bahía ya formaban parte de una nueva industria: la de los chips de silicio.

a mano. En el **Aquarium of the Bay** *(aquariumofthebay.org; adultos/niños 28/20 US$)* se ven 24 000 animales acuáticos en sus hábitats submarinos: se puede caminar entre tanques de tiburones, dejarse fascinar por las medusas y dar de comer a los peces.

Pescar en el Pier 45

MUELLES DE PESCA

En el Pier 45, tras los puestos de cangrejos nº 8 y 9, hay unas puertas batientes con el cartel "Pasaje a los barcos"; es el pasadizo secreto de los marineros hacia los muelles de pesca. Durante más de un siglo, cuatro generaciones de la familia Rescino han pescado en estas aguas a bordo del **'Lovely Martha'** (PLANO: 13 P. 44 G5; *lovelymartha.com; excursión de pesca de medio día/un día 150/200 US$, crucero por la Bahía 15 US$*), por lo que saben cómo y dónde pescar fletán, lubina y salmón; se pueden reservar excursiones y conseguir la licencia de pesca de California en su web.

Para aventuras de pesca urbana en tierra, Kirk Lombard dirige las expediciones "del anzuelo al plato" de **Sea Forager** (PLANO: 14 P. 44 F4; *expediciones 79-159 US$*), donde se pescan y recolectan ingredientes por la ciudad para crear un festín sostenible.

Subir a bordo del USS 'Pampanito'

SUBMARINO HISTÓRICO

PLANO: 15 P. 44 G5

La galardonada audioguía mantiene en vilo al visitante con las historias de los marineros sobre ataques repentinos y momentos tensos en modo sigiloso a bordo del **USS 'Pampanito'** *(maritime.org; adultos/niños 25/10 US$)*, un submarino restaurado que sobrevivió a seis misiones de la II Guerra Mundial. Cuidado con la cabeza al explorar los estrechos camarotes: hay una cocina diminuta que daba de comer a una tripulación de 80 personas, con su propia máquina de helados.

SUGERENCIAS

Lo mejor para...

$ Económico $$ Medio $$$ Alto

Localizaciones en el plano de la p. 44

Comer

Pícnics de primera

Lucca Delicatessen $
16 C1
Clásicos de la charcutería italiana desde 1929, como bocadillos de albóndigas o bocadillos calabreses de salami picante con Chianti rústico. *9.00-18.00*

Komeya No Bento $
17 F4
Bentō japonesa auténtica: salmón o pechuga de pato sostenibles, arroz para *sushi*, caldo *dashi* y ensaladas. *11.00-14.30 y 17.00-18.30 ma-sa*

La Fromagerie $
18 B1
Sándwiches clásicos franceses: jamón parisino y queso gruyer, o pato de Toulouse con manchego. *11.00-18.00 lu y ma, desde 10.00 mi-do*

Mercados al aire libre de Fort Mason $
19 C6
Mercados agrícolas los domingos con vendedores de comida preparada; los viernes por la noche hay gastronetas y productores locales. *16.00-21.00 vi, 9:30-13.30 do*

Comida no tan rápida

Blue Barn Gourmet $
20 C1
Ensaladas cultivadas en California y bocadillos con ingredientes *gourmet*: quesos artesanales, cebolla caramelizada y tomate. *11.00-20.00*

Viva Goa $
21 B1
Platos picantes típicos de Goa: *xacuti* (curri de coco tostado) de gambas, *naan* esponjoso y *samosas*. *11.00-15.00 y 17.00-22.00 ma-sa, 17.00-22.00 do*

Causewell's $$
22 B1
Sirven hamburguesas *gourmet*: ternera con confit de cerdo, cebolla caramelizada y queso Taleggio. *11.00-21.00 ma-vi, 10.00-22.30 sa, 10.00-21.00 do*

Cena romántica

Dalida $$
23 C4
Laura Ozyilmaz, de *Top Chef*, trae sabores mediterráneos a la Bahía: mejillones rellenos de Estambul, pollo asado de Aleppo o estofado de cordero yemení. *11.30-14.00 y 17.00-21.00 vi-mi, 11.00-14.00 ju*

Atelier Crenn $$$
24 D2
Dominique Crenn, ganadora del Premio James Beard y con tres estrellas Michelin crea arte comestible inspirado en las leyendas marítimas de SF y en su propia granja de Sonoma. *17.00-21.00 ma-sa*

A16 $$
25 B1
Pizzas al horno de leña ganadoras del James Beard, salami curado en casa y vinos italianos. *17.00-21.00 lu-ju, 12.00-21.30 vi-do*

Greens $$
26 C6
Desde 1979, el comedor junto al puerto de

Fort Mason ha estado al mando de destacadas chefs, que crean platos vegetarianos con ingredientes ecológicos. *11.30-14.30 y 17.00-21.00 ma-do*

'Brunch' en el Wharf

Abacá $$

27 G6

Comida tradicional filipina, como pollo frito y gofres de *pandano*. *7.00-9.00 y 17.00-21.00 lu, ma, ju y vi, 8.00-13.30 y 17.00-21.00 sa y do*

Palette Tea House $$

28 E6

Dim sum sofisticado (*potstickers* de Wagyu, *dumplings* de langosta) con tés especiales o cócteles creativos. *11.30-19.30 do-ju, hasta 20.00 vi y sa*

Eagle Cafe $$

29 H5

Brunch con huevos Benedict con cangrejo, tostada francesa de masa madre y vistas del Pier. 39. *8.00-15.00*

Surisan $

30 F6

Aquí se entra en calor con especialidades coreano-californianas: tortitas *pajun* con gambas y beicon, y mojitos de *matcha*. *9.00-14.00 y 17.00-21.00*

Marisco fresco

Scoma's $$$

31 F5

Los barcos pesqueros atracados ofrecen clásicos frescos "del muelle al plato": desde pasteles de cangrejo Dungeness hasta el *cioppino* (estofado de marisco). *12.00-21.00*

Codmother Fish & Chips $

32 G5

Bacalao del Pacífico frito al momento, con vinagre de malta o salsa tártara, y patatas fritas con ajo en mesas de pícnic al aire libre. *11.30-18.00 do-ju, hasta 19.00 vi y sa*

Puestos de cangrejo de Fisherman's Wharf $

33 G5

Los humeantes calderos de cangrejo Dungeness en los puestos en la acera del Pier 45 están listos para un banquete. *11.30-21.00 invierno-primavera*

Fog Harbor Fish House $$

34 H5

Vistas de la Bahía y platos sostenibles como lenguado Petrale, bacalao del Pacífico y cangrejo Dungeness. *11.00-21.00*

Un bocado rápido en Wharf

The Original Ghirardelli Chocolate & Ice Cream Shop $

35 E6

Compañía chocolatera autóctona, fundada en 1852. *9.00-24.00 mi-sa, hasta 23.00 do-ma*

Tanguito $

36 G5

Localito que sirve comida argentina en mesas al aire libre. *1.30-18.30 ma-vi, 12.00-19.30 sa, 12.00-18.00 do*

In-N-Out Burger $

37 F5

Hay que seguir el logo de la flecha doblada de la década de 1950 para encontrar hamburguesas de ternera de calidad y batidos. *10.30-1.00 do-ju, hasta 1.30 vi y sa*

Beber

Pausas para café

Equator Coffee

38 C6

Hay que hacer cola para tomar café exprés de comercio justo en la caseta de entrada a Fort Mason. *6.30-17.00 lu-vi, desde 7.00 sa y do*

Dynamo Donut & Coffee
39 D3
Café Proyecto Diaz y dónuts con sabores como frutos rojos del Orgullo o chocolate "May the Fourth". *8.00-13.00 mi-vi, hasta 16.00 sa y do*

Coffee Bodega
40 D2
Los granos cultivados y tostados por cooperativas costarricenses producen un café sensacional. *8.00-16.00 lu-vi, 9.00-17.00 sa, 9.00-16.00 do*

Telve Coffee Shop
41 D2
Café turco con cardamomo preparado en *cezve* (pote de latón). *7.00-19.00 do-ju, hasta 21.00 vi y sa*

Bares dignos de un brindis

The Interval
42 C6
Aperitivos como International Orange, con ginebra añeja en el bar de la Long Now Foundation. *17.00-22.00 lu, 10.00-23.00 ma-vi, 17-23.00 sa, 15.00-22.00 do*

California Wine Merchant
43 C1
Fiesta callejera ininterrumpida durante más de 50 años, donde sirven 50 vinos por copa o media copa. *13.00-22.00 lu-mi, hasta 23.00 ju-sa, 14.00-19.00 do*

For the Record
44 D1
Antro retro con bolas de discoteca, DJ que pinchan vinilos y cócteles inspirados en éxitos radiofónicos. *17.00-24.00 ma-ju, hasta 2.00 vi, 15.00-2.00 sa*

Better Sunday
45 F4
Bar de bebidas y "tónicos sociales" sin alcohol, de ambiente agradable. *15.00-19.00 lu-ju, desde 12.00 vi-do*

Beber como un marinero en Wharf

Buena Vista Cafe
46 F6
Saloon centenario que sirve café irlandés a oficiales navales y estrellas de Food Network. *9.00-23.00 do-ju, hasta 24.00 vi y sa*

Scoma's Lounge
véase 31
Los barcos atracan frente a este bar para tomar el mejor Manhattan, envejecido en barrica 1965 noches (el local fue inaugurado en 1965). *12.00-21.00*

Sweetie's Art Bar
47 H6
Grupos de *jazz* en este antro pirata que sirve *gin slings* de alta graduación, cerveza Hazy IPA de barril y *pizza* de masa fina. *16.30-22.30*

Pier 23
48 H3
Aquí uno se mezcla con artistas y marineros en la galería frente al mar mientras disfruta de cervezas artesanas, tacos de pescado y pasteles de cangrejo en la terraza frente a la Bahía. *11.30-18.00 mi-lu*

Comprar

Equiparse en Marina

Sports Basement
49 C3
El antiguo PX (almacén de provisiones) de Presidio ofrece ropa, bicis y equipo deportivo para alquilar, comprar o intercambiar. *10.00-20.00 lu-vi, 9.00-19.00 sa y do*

Marine Layer
50 C1
El frío se combate con chaquetas de trabajo fabricadas en California y esa ingeniosa sobrecamisa de franela gruesa

MARLEYPUG/SHUTTERSTOCK

Pier 23.

que usan los surfistas locales. *11.00-19.00 lu-sa, hasta 18.00 do*

Books Inc

51 B1

Librería independiente con libros sobre observación de aves en Presidio, guías de campo de botánica y lecturas de playa de autores locales. *10.00-22.00 lu-sa, hasta 21.00 do*

Aggregate Supply

52 B1

Conjuntos de estilo californiano elegantes pero informales: chinos de Eat Dust Oakland, tops ligeros de Rachel Comey o bolsos tejidos de Clare V. *11.00-18.00 lu-sa, hasta 17.00 do*

Regalos ingeniosos

ATYS

53 D2

Decoración ingeniosa y regalos de SF, desde arte textil psicodélico tejido aquí hasta cuchillos para carne fabricados con acero reciclado del Golden Gate. *12.00-18.00 ma-do*

Pyarful

54 F4

Regalos y artículos de papelería inspirados en el sur de Asia, desde tarjetas de felicitación con juegos de palabras hasta insignias cómicas. *12.00-18.00 ju-do*

Nikoniko Gifts

55 D2

Boutique de herencia coreano-*japonesa* repleta de regalos, desde jabones con forma de pez dorado hasta paquetes de regalo envueltos en telas *furoshiki*. *12.00-18.00 ju-lu*

★ MERECE LA PENA

Alcatraz

Incluso desde lejos, la tristemente célebre isla-prisión de Alcatraz resulta más escalofriante que la niebla. Durante más de 175 años, "la Roca" fue testigo de temerarios intentos de fuga, castigos a soldados homosexuales, y enfrentamientos del FBI con nativos americanos. Ahora es un parque nacional, con audioguías y exposiciones de historia.

CÓMO LLEGAR
Alcatraz City Cruises *(cityexperiences.com; recorrido nocturno/entre bambalinas 60/105 US$/persona)* ofrece circuitos, **Adventure Cat** organiza excursiones "Sail and Jail", y **Red & White Fleet** brinda cruceros por la Bahía.

Escanea este codigo QR para eventos, historia, accesibilidad y visitas.

Fort Alcatraz

Los visitantes llegan en ferri cerca del Edificio 64, donde unos vídeos revelan la oscura historia de esta isla. Alcatraz fue el primer fuerte de EE UU (1859), con celdas para desertores de la guerra de Secesión y nativos americanos considerados "enemigos". Los pabellones se ampliaron para encarcelar a objetores de conciencia de la I Guerra Mundial y a soldados homosexuales. La reformadora penitenciaria Alice Park documentó el trato inhumano y las condiciones extremas. El ejército entregó Alcatraz a la Oficina Federal de Prisiones en 1933.

La vida en la Roca

Alcatraz se convirtió en una penitenciaría de máxima seguridad para los gánsteres más notorios de la Ley Seca, desde Al Capone hasta Bumpy Johnson. El recorrido con audioguía por las celdas incluye relatos en primera persona sobre la vida diaria en "la Roca", como la censura de los libros de la biblioteca (guerra sí, romance no) y 35 intentos de fuga (uno quizá exitoso). Quienes infringían las normas eran sometidos a aislamiento en celdas oscuras de apenas 1,5 m de ancho en el bloque D. Si bien las prisiones se segregaban de forma rutinaria, el recluso afroamericano Robert Lipscomb organizó protestas en Alcatraz para exigir la abolición de la segregación y la igualdad de trato. Castigado con aislamiento, Lipscomb siguió apelando hasta

ONEINCHPUNCH/SHUTTERSTOCK

el cierre de Alcatraz, 10 meses antes de que se aprobara la Ley de Derechos Civiles de 1964.

Red Power en Alcatraz

Cuando la última prisión federal de Alcatraz cerró en la década de 1990, los nativos americanos reclamaron su soberanía y ocuparon la isla, resistiendo las redadas del FBI de 1969 a 1971. Miles de nativos participaron en la protesta y obtuvieron apoyo público, presionando al presidente Richard Nixon para que reconociera los tratados con los nativos. Al subir la cuesta, se ven los carteles de los activistas del movimiento Red Power de Alcatraz, incluida la inscripción en la torre de agua "Home of the Free Indian Land" (Tierra de los Indios Libres). Cada día de Acción de Gracias, el Consejo Internacional de Tratados Indios celebra el Día de los Pueblos Indígenas con una ceremonia al amanecer en Alcatraz.

UNA PAUSA

En Alcatraz no se vende comida, hay que llevarla o comprar algo a bordo del ferri para tomar en el muelle. En la librería del Edificio 64 hay bebidas calientes.

Sugerencias de lugares para comer, beber y comprar en **p. 82**

Por Margot Seeto

Explora
Downtown, Civic Center y SoMa

El Downtown es una enorme franja del este de San Francisco que abarca Union Sq, Civic Center y Tenderloin, South of Market (SoMa), el Financial District (FiDi) y partes de Mission Bay. Hay de todo: galerías de arte, hoteles de lujo, estrenos de teatro, centros comerciales y megacentros de ocio. El Civic Center acoge grandes espectáculos y tesoros de arte asiático a un lado del Ayuntamiento, y antros y comedores populares al otro. El panorama tecnológico de SoMa es voluble, pero no cesa; a otros les gusta por su arte refinado, pero todos se divierten bailando.

Cómo desplazarse

Muni y BART

Muni tiene autobuses, metro y tranvías. Las líneas de metro J, K, L, M, N y T pasan por debajo de Market St y van a diferentes barrios. Los tranvías F-Market pasan por encima de Market St. BART comparte estaciones de Muni del Downtown y conecta con el Área de la Bahía.

Funicular

Las líneas Powell-Hyde y Powell-Mason unen el Downtown con Wharf; el funicular de California St va en perpendicular, por Nob Hill.

Ferri

Del Ferry Building a: Treasure Island, Angel Island/Tiburon, North Bay y East Bay.

Transamerica Pyramid (p. 79).
SUNDRY PHOTOGRAPHY/SHUTTERSTOCK

★

LO MEJOR

COMIDA ARTESANAL
Ferry Building (p. 66)

ARTE MODERNO
SFMOMA (p. 68)

ARTE ANTIGUO Y CONTEMPORÁNEO
Asian Art Museum (p. 73)

NOCHE ELEGANTE
Ópera de San Francisco (p. 76)

DISTRITO CULTURAL
Distrito Cultural del Cuero y LGTBIQ (p. 74)

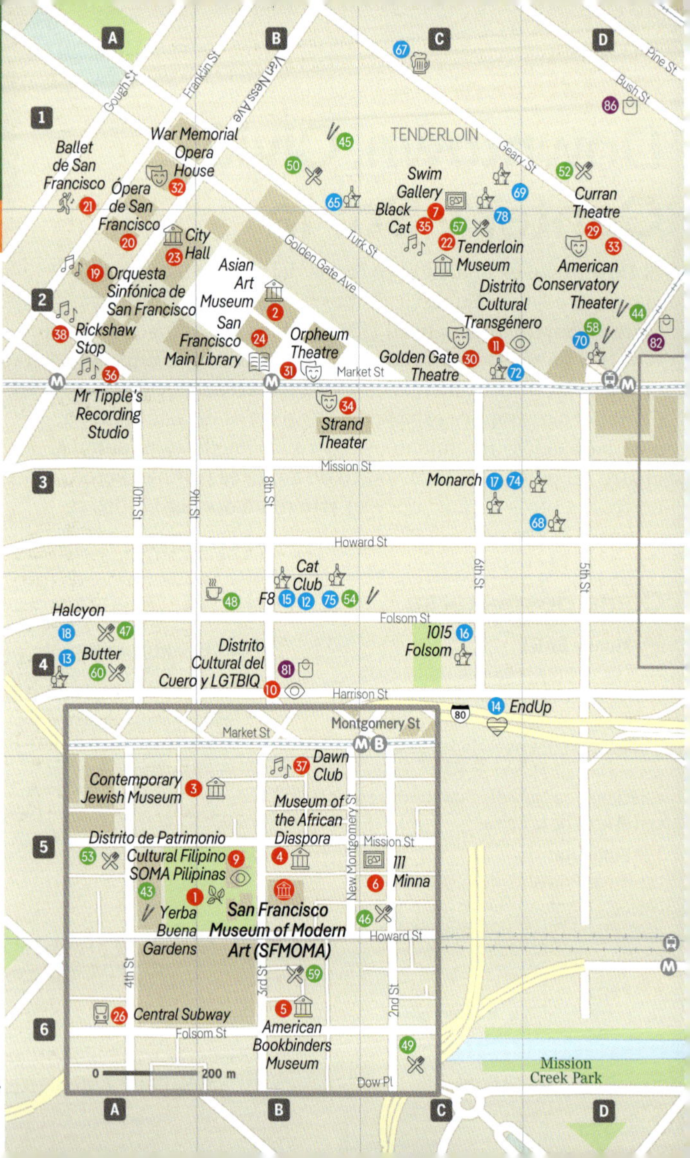
A
B
C
D
1
2
3
4
5
6
TENDERLOIN
Gough St
Franklin St
Van Ness Ave
Pine St
Bush St
Geary St
Turk St
Golden Gate Ave
Market St
Mission St
Howard St
Folsom St
Harrison St
10th St
9th St
8th St
6th St
5th St
4th St
3rd St
2nd St
New Montgomery St
Montgomery St
Dow Pl
Ballet de San Francisco 21
War Memorial Opera House 32
Ópera de San Francisco 20
City Hall 23
Orquesta Sinfónica de San Francisco 19
Asian Art Museum 2
Rickshaw Stop 38
San Francisco Main Library 24
Orpheum Theatre 31
Mr Tipple's Recording Studio 36
Strand Theater 34
Swim Gallery 7
Black Cat 35
Tenderloin Museum 22
Curran Theatre 29
American Conservatory Theater 33
Distrito Cultural Transgénero 11
Golden Gate Theatre 30
Monarch 17 74
68
Cat Club 12
F8 15
75
54
48
45
50
65
57
78
69
52
67
86
44
58
70
82
72
Halcyon 18
47
Butter 13
60
1015 Folsom 16
Distrito Cultural del Cuero y LGTBIQ 10
81
EndUp 14
80
Contemporary Jewish Museum 3
Dawn Club 37
Museum of the African Diaspora 4
Distrito de Patrimonio Cultural Filipino SOMA Pilipinas 9
53
43
1
Yerba Buena Gardens
San Francisco Museum of Modern Art (SFMOMA)
111 Minna 6
46
59
Central Subway 26
5
American Bookbinders Museum
49
Mission Creek Park
0
200 m

CHINATOWN
NOB HILL
Portsmouth Sq
Columbus Ave
Jackson Square
Broadway
California St
Powell St
Pine St
Bush St
Transamerica Pyramid y Redwood Park
Institute of Contemporary Art San Francisco
Sansome St
Battery St
Punch Line
Walton Park
The Embarcadero
Maritime Plaza
Justin Herman Plaza
Union Sq
UNION SQUARE
Geary St
Montgomery St
FINANCIAL DISTRICT (FIDI)
Embarcadero Plaza
Ferry Building
Market St
1st St
Mission St
Terminal de ferris Plaza
Salesforce Tower
Steuart St
Yerba Buena Gardens
Howard St
SOUTH OF MARKET (SOMA)
Fremont St
Spear St
Rincon Park
Beale St
Main St
Véase ampliación
Harrison St
80
Embarcadero South St
South Park
3rd St
2nd St
King St
Oracle Park
China Basin Park
McCovey Cove
Bahía de San Francisco
0
800 m
Más información
Imprescindible p. 66
Experiencias p. 72
Comer p. 82
Beber p. 84
Comprar p. 85

★ IMPRESCINDIBLE

Ferry Building

El Ferry Building (1898), reimaginado y reintroducido en el 2003 tras cuatro años de restauración, es ideal para comidas artesanales, aún mejor si es día de mercado agrícola en Ferry Plaza.

PLANO P. 64 **H2**

CONSEJO
Los sábados el mercado agrícola está en su apogeo, con más de 100 vendedores.

Ferry Building Marketplace

La majestuosa torre del reloj (73 m) del Ferry Building quedó eclipsada por un paso elevado de autopista desde la década de 1950 hasta que los daños causados por el terremoto de Loma Prieta de 1989 obligaron a peatonalizar la zona de Embarcadero, accesible en Muni, BART, bicicleta y coche. La inauguración del **Ferry Building Marketplace** *(ferrybuildingmarketplace.com)* en el 2003 dio la bienvenida a tiendas de alimentos artesanales en el Grand Hall. Si bien los vendedores cambian, los helados Humphry Slocombe, Hog Island Oyster Company y Far West Fungi se han mantenido estables. Destacan las *malasadas* (dónuts) al estilo hawaiano de Ocean Malasada, Red Bay Coffee y Peaches Patties. Entre los exalumnos de la incubadora de emprendedores gastronómicos de La Cocina está el restaurante camboyano Lunette. También valen la pena las tiendas de productos no alimentarios.

Escanea este código QR para una lista actualizada de vendedores.

Mercado agrícola de Ferry Plaza

Además de la variada comida del Marketplace, tres veces por semana se celebra al aire libre el mercado agrícola, con 10-15 vendedores en la entrada *(ma y ju)*. El mercado de los sábados atrae a 25 000 visitantes. Al igual que el Marketplace, los vendedores cambian, pero nunca faltan productos frescos de proximidad, café, productos

BENJAMIN HEATH FOR LONELY PLANET

horneados, comida caliente y productos básicos de despensa. Destacan los chilaquiles con huevo, los dulces indonesios con *pandán* de Nusa, las cremosas tartas de alubias de Delightful Foods y el tofu ecológico de Hodo.

Ferris

Del Ferry Building salen los ferris que recorren la Bahía. A excepción de los ferris de Alcatraz (p. 60) que zarpan del Pier 33, 1,6 km al norte, los de aquí van a Treasure Island, Angel Island/Tiburón, Sausalito, Larkspur, Vallejo, Oakland y Alameda. Algunas líneas requieren la compra anticipada de billetes (ida y vuelta). Hay que cargar la Clipper Card con antelación, usar la *app* SF Bay Ferry o billetes de papel.

UNA PAUSA
Se puede descansar de las compras observando a la gente desde los bancos y mesas del café detrás del edificio, o en las mesas de pícnic de cemento en la fachada norte.

★ IMPRESCINDIBLE

SFMOMA

El San Francisco Museum of Modern Art (SFMOMA) es de los mayores museos de arte moderno del mundo (1,58 Ha). Tras una ampliación en el 2016, reabrió sus puertas con una mezcla de *pop art* pionero y exposiciones de artistas de fama mundial.

PLANO P. 64 **B5**

CONSEJO
Hacen falta de 2 h a medio día para visitar el SFMOMA. Además hay 4181 m² de espacios de arte gratuitos.

Escanea este código QR para horarios y reservas.

Maestros del 'pop art'

Desde sus inicios en 1935, el **SFMOMA** (foto; *sfmoma.org*) fue de los primeros en impulsar las formas de arte emergentes. La colección de la 5ª planta presenta algunos de los mayores éxitos del *pop art* de la década de 1960, de los coloridos grabados de famosos de Andy Warhol a los lienzos unidos de Ellsworth Kelly, de formas irregulares y colores intensos. Las obras refuerzan la idea de que los movimientos artísticos transformadores de aquella década siguen vigentes. Los móviles cinéticos y las esculturas del artista abstracto Alexander Calder (el multicolor *Lone Yellow* y los movimientos de *Quatrro Pendulati*) ocupan parte de la 3ª planta.

De 1900 a la actualidad: la colección

Con obras maestras y experimentales de su extensa colección, el SFMOMA invita a reexaminar las interpretaciones de algunas de las obras más importantes de nuestro tiempo. Permite reflexionar sobre la evolución de las obras de colores intensos de Diego Rivera, del cubismo al postimpresionismo y más allá, y sobre las interpretaciones de Georgia O'Keefe de la naturaleza y lo femenino a través de su estilo que combina finas líneas de carboncillo con pintura.

Exposiciones especiales y arte al aire libre

El SFMOMA es una visita obligada tanto por las exposiciones itinerantes de artistas internacionales

CHRIS ALLAN/SHUTTERSTOCK

como por las que destacan a artistas locales. Hay psicodélicas salas con espejos de Yayoi Kusama, una inmersiva instalación de vídeo instrumental de Ragnar Kjartansson, y una exposición de esculturas de Kara Walker inspirada en Octavia Butler que combina mecanismos medievales con ideas sobre un trauma transformador. Las exposiciones van de las intrincadas y curvas cortinas de alambre de Ruth Asawa a la inclusión en la cultura del *skate,* comisariada por el colectivo local de *skate* Unity.

En la 3ª planta, fuera de la exposición de Calder, está el Living Wall, el mayor de su tipo en EE UU. Mide 9 m de altura y reúne más de 19 000 plantas, como arándano silvestre y fragante grosella de flores rosadas. En la azotea del Café 5, en la5ª planta, hay un jardín de esculturas.

UNA PAUSA
No se permite llevar comida ni bebida de fuera más allá del vestíbulo, pero hay tres cafés donde reponer fuerzas (1ª, 2ª y 5ª plantas).

CIRCUITO A PIE

Un paseo por Embarcadero

En Embarcadero, puerta este de la ciudad, está el paseo marítimo, parte del San Francisco Bay Trail, que permite disfrutar de la armonía entre naturaleza y bullicio urbano, así como de lugares históricos y experimentales. Se ven la Bahía, el puente, bares históricos y arte público, y se termina en el Oracle Park.

INICIO	FINAL	DURACIÓN
Sue Bierman Park	Oracle Park	1,9 km; 1½ h

1 Comienzo verde

Se comienza en el pequeño **Sue Bierman Park,** muy bonito en primavera, con sus cerezos de flores rosas. Si se va con niños, hay un parque infantil con una estructura de cuerdas para escalar. Se pasa por Embarcadero Plaza, popular lugar de encuentro de patinadores.

2 Arte público controvertido

Los impactantes ángulos de hormigón de la brutalista **fuente Vaillancourt** (12 m) del escultor y pintor canadiense Armand Vaillancourt, en Embarcadero Plaza, incomodaron a parte del público en su inauguración (1971). Si está vacía, se puede caminar por ella para verla bien. Se pasa por canchas de *pickleball* y luego por los vendedores de arte de Market St. Quizá siga en pie una controvertida escultura de acero de una mujer desnuda de 13 m llamada *R-Evolution,* inaugurada en Burning Man. El artista Marco Cochrane la diseñó para que "respirara" todos los días a las 17.00 y se iluminara de noche.

3 El otro puente

Se gira al sur en el **Ferry Building** (p. 66) y se camina por el paseo, con las brillantes aguas de la Bahía a la izquierda, serpenteando entre corredores y paseadores de perros. Quizá uno aprecie más el imponente y gris Puente de la Bahía que el Golden Gate, sobre todo si se encienden las Bay Lights.

4 Legendarios escultores del 'pop art'

A la derecha están el arco y la flecha del matrimonio de escultores escandinavos Claes Oldenburg y Coosje van Bruggen. El **Arco de Cupido** (21 m) tiene su flecha clavada en la hierba del Rincon Park. El arco curvado evoca la forma del Puente de la Bahía.

5 Bares históricos

Se disfruta de una hamburguesa o una cerveza en tres históricos bares junto al agua, todos con terraza. El primero, **Hi Dive,** tiene un exterior azul marino y latas de PBR a 3 US$.

6 Caseta deportiva

Se continúa hasta la **Red's Java House,** cuyas paredes están cubiertas de recuerdos deportivos. Es famosa por su hamburguesa de queso con pan de masa madre (mejor la doble).

7 Relax

La **Frankie's Java House** se ha modernizado y hay varios ambientes de bar. La Red's Java House y Hi Dive han aparecido en televisión y cine: la serie *Goliath* con Billy Bob Thornton y *Nash Bridges* con Don Johnson, respectivamente.

8 Un buen partido

Los bares frente al mar están a poca distancia del **Oracle Park** (p. 81), lo que los convierte en buenas opciones antes de un partido de los San Francisco Giants, un concierto u otro gran evento en el estadio.

EXPERIENCIAS

Montar en todas las líneas de funicular

TRANSPORTE

No se tarda tanto en recorrer las tres **líneas de funicular** *(sfmta.com/getting-around/muni/cable-cars; sencillo/1 día 8/13 US$)*. Se recomienda el Muni Visitor Passport. Se puede recorrer las colinas de norte a sur en las líneas **Powell-Hyde** y **Powell-Mason,** que van de los rascacielos del centro a los atractivos turísticos de Fisherman's Wharf (p. 50), pasando por Chinatown (p. 87), y el Fairmont Hotel y la Grace Cathedral de Nob Hill.

Casi todos los visitantes usan estas líneas, pero la línea **California,** menos concurrida, va de Van Ness Ave en Nob Hill a Davis St en el FiDi y pasa por muchos de los mismos lugares emblemáticos, además de Polk Gulch y otras zonas del FiDi.

Pasear por Yerba Buena Gardens

JARDINES

PLANO: 1 P. 64 **A5**

Concebido como un gran oasis verde y centro cultural, **Yerba Buena Gardens** *(YGB; yerba buenagardens.org)*, junto con el **Yerba Buena Center for the Arts** *(YBCA; ybca.org; 10 US$, gratis mi y 2º do)*, se inauguró en la década de 1990. Al otro lado de un césped verde está la **cascada conmemorativa Martin Luther King, Jr,** con paneles de vidrio. **Upper Terrace,** uno de los primeros parques en azotea de SF, contiene el **Sister City Garden,** con 19 tipos de plantas. También hay un parque infantil y más cosas. El YBCA alberga exposiciones, centradas en artistas autóctonos, y es la sede del **Alonzo King LINES Ballet** *(linesballet.org)*, compañía pionera de mayoría negra, y del festival anual gratuito **YBG** *(ybgfestival.org)*.

MAYA ANGELOU Y EL FUNICULAR

La poeta y activista por los derechos civiles Maya Angelou tenía más talentos aparte de la escritura, como el canto y la actuación. Según la leyenda, fue la primera operadora negra de funicular. No es del todo cierto, pero Angelou sí desempeñó un papel pionero en el transporte. De adolescente, ella y su familia se mudaron al Área de la Bahía en la década de 1940. Angelou se convirtió en una de las primeras revisoras negras de los tranvías eléctricos de SF para la entonces competidora de Muni, Market Street Railway, una hazaña que le valió un premio a su trayectoria de la Conference of Minority Transportation Officials en el 2014.

Viajar por el tiempo en el Asian Art Museum MUSEO

PLANO: 2 P. 64 **B2**

En un imponente edificio estilo *beaux arts* en el Civic Center, el **Asian Art Museum** *(AAM; asianart.org)* tiene su sede desde el 2003 en lo que antes era la biblioteca pública principal, pero que en 1966 se inauguró como un ala del Young Museum. Con más de 18 000 obras, el AAM conecta lo antiguo con lo contemporáneo a través de la diáspora asiática. Destacan el Buda más antiguo de China, marionetas de varilla indonesias, la mayor terraza de arte al aire libre de EE UU, y exposiciones especiales como *Everyday War,* del videoartista Yuan Goang-Ming.

Otros museos del centro MUSEOS

Los efectos pospandémicos y la financiación federal inestable crean confusión en el visitante; he aquí una actualización sobre algunos museos.

Al norte del YBCA, el **Contemporary Jewish Museum** *(CJM;* PLANO: 3 P. 64 **A5**; *thecjm.org)* estaba a punto de reabrir sus puertas en el momento de redactar esta guía. Las exposiciones anteriores del CJM abarcaron desde la cantante Amy Winehouse hasta el maestro de los Muppets Jim Henson. Al lado, el **Museum of the African Diaspora** (PLANO: 4 P. 64 **B5**; *moadsf.org*) reabrió sus puertas en otoño del 2025, coincidiendo con su 20º aniversario. Antes de cerrar, Key Jo Lee presentó "Vida liberadora: interiores protectores y Alegría Negra Radical", donde examinaba y creaba interiores domésticos desde un enfoque feminista. El museo de la **California Historical Society** ha cerrado, pero su colección, conocida por los documentos históricos relacionados con la fiebre del oro y la independencia, está previsto que se traslade a la Universidad de Stanford. El **Mexican Museum** *(mexicanmuseum.org),* con arte precolombino y contemporáneo, se ha trasladado a Yerba Buena Gardens desde Fort Mason, y en el momento de redactar esta guía también estaba a punto de reabrir sus puertas. El **California Migration Museum** *(calmigration.org)* está en el centro, pero es virtual. Destaca su plano de Melting Spots y su *podcast* sobre 38 restaurantes de dueños inmigrantes.

Ver arte poco conocido en el Downtown GALERÍAS DE ARTE

Un espacio de arte poco conocido es el **American Bookbinders Museum** (PLANO: 5 P. 64 **B6**; *bookbindersmuseum.org; adultos/jubilados y jóvenes de 10-17 años/niños 15/12 US$/gratis*), el único museo de Norteamérica dedicado a preservar y promover el arte y la historia de la encuadernación occidental. Una cárcel de libros prohibidos se inauguró como obra de arte público permanente en el lado de Folsom St en el 2025. Hay webinarios grabados, como uno sobre libros encuadernados con piel humana. Entre las galerías de arte más originales están **111 Minna** (PLANO: 6 P. 64 C5; *111minnagallery.com; gratis*) y **Swim Gallery** (PLANO: 7 P. 64 C2; *swimgallery.com; gratis*). El **Institute of Contemporary Art San Francisco** *(ICASF;* PLANO: 8 P. 64 F2; *icasf.org; gratis)* financia exposiciones experimentales, desde el cambio climático hasta las reparaciones, con un espacio de creación.

Explorar SOMA Pilipinas

DISTRITOS CULTURALES

PLANO: 9 P. 64 B5

El **Distrito de Patrimonio Cultural Filipino SOMA Pilipinas** se creó en el 2016 en honor a la comunidad filipina, con más de 100 años de historia en SF, sobre todo en SoMa. Junto a otras comunidades, el distrito organiza eventos como el mercado nocturno **UNDSCVRD** (convertido en diurno), el festival del *ube* (ñame morado) **Yum Yams** en **Kapwa Gardens** y el festival anual **Pistahan** en YBG. Más de 30 obras públicas salpican el distrito. El teatro de caja negra **Bindlestiff Studio** presenta obras que rompen con los géneros. **Republika,** un corredor comercial y cultural en la planta baja de Fifth & Mission Garage, está a punto de abrir (seguramente, cuando el lector tenga esta guía en sus manos ello será ya una realidad). Una exposición en el 2025-2026 en el YBCA, *Makibaka: un legado vivo,* rinde homenaje a las generaciones que forjaron el espíritu *bayanihan* de ayuda a la comunidad.

Conocer los bares del Distrito Cultural del Cuero y LGTBIQ

DISTRITOS CULTURALES

PLANO: 10 P. 64 B4

El **Distrito Cultural del Cuero y LGTBIQ** *(sfleatherdistrict.org)* de SoMa es el primer distrito del cuero del mundo, y desde la década de 1970 alberga la mayor concentración de bares y clubes nocturnos *queer* fuera de Castro. **Oasis** *(sfoasis.com; entradas para eventos 10-30 US$)* es el hogar del cabaret *drag*. **Lone Star Saloon** *(lonestarsf.com)* es el bar de osos original. **Hole in the Wall** *(blackwolfmetal.com)* ofrece un hogar espiritual a los moteros gais. **Stud** *(studsf.com; entradas para eventos 15 US$)* resurgió de sus cenizas para acoger ritmos de bailes de salón mientras recaudaba fondos para un escenario al que traer de nuevo espectáculos *drag*. El histórico **SF Eagle** *(sf-eagle.com)* ofrece toda la cerveza que uno pueda beber los domingos *(15 US$)*. De jueves a domingo es el mejor momento en **Powerhouse** *(powerhousebar.com),* un bar para hombres vestidos de cuero.

Recorrer el Distrito Cultural Transgénero

DISTRITOS CULTURALES

PLANO: 11 P. 64 C2

Antes de los disturbios de Stonewall en 1969 en Nueva York, el

FESTIVALES DEL DISTRITO DEL CUERO

Además del Orgullo (p. 32), otro evento señalados del Distrito Cultural del Cuero y LGTBIQ es la mayor fiesta callejera de cuero del mundo, la **Folsom Street Fair,** inaugurada con unas nalgadas públicas. Más de 500 000 entusiastas del BDSM se reúnen el último domingo de septiembre. Folsom es la culminación de la Semana del Cuero, con eventos previos como el **Mr SF Eagle Leather Contest.** También está la feria estival **Up Your Alley** (o Dore Alley) más pequeña e incluso más pro sexo que la Folsom. Ambas son para mayores de 18 años. También se ofrecen servicios de salud como pruebas gratuitas de VIH. Además, uno puede acicalarse en el conocido Mr S Leather (p. 85).

disturbio de la cafetería Compton de SF tuvo lugar en el cruce de Turk y Taylor en 1966, cuando los clientes *queer* y trans del café se rebelaron contra el creciente acoso policial. Una placa lo recuerda en la acera. Tenderloin, que desde hace mucho tiempo es un núcleo trans, se declaró en el 2017 "primer **Distrito Cultural Transgénero** del mundo". Los colores de la bandera trans (rosa, azul y blanco) envuelven las farolas y decoran los pasos de peatones. Hay un recorrido mensual "Valle de las Reinas" que comienza en el Tenderloin Museum (p. 77). Se puede terminar en el histórico **Aunt Charlie's Lounge** *(auntcharlieslounge.com)* un viernes o sábado por la noche y disfrutar de números *drag*.

Ir de clubes por SoMa

CLUBES NOCTURNOS

Además de los animados bares y clubes del distrito del cuero, casi todos los demás clubes nocturnos de la ciudad también están en SoMa. La mayor parte se concentran en 11 St y Folsom St. Actualmente, el panorama musical se centra en la música electrónica y el *house,* y hay más actividad los fines de semana.

Cat Club (PLANO: 12 P. 64 **B4**; *sfcatclub.com; 5-20 US$*) es conocido por sus noches de música *new wave* y gótica/ industrial. **Butter** (PLANO: 13 P. 64 **A4**; *smoothasbutter .com; 0-5 US$*) es sencillo y encantador: todos aplauden al ritmo de himnos de *rock* y beben cócteles con refrescos de sabores 100% artificiales. Con un ambiente intenso hasta la madrugada, los sábados por la noche en **EndUp** (PLANO: 14 P. 64 **C4**; *theendupsf.com; 30 US$*) se convierten en domingos por la mañana. A EndUp también van heteros, pero los bailes gais de los domingos por la tarde son un clásico desde 1973. El aforo para 250 personas en varias salas ofrece una experiencia íntima en

F8 (PLANO: 15 P. 64 **B4**; *feightsf.com; 0-30 US$*), con música *house, hip hop* o *dubstep*. Entre los mayores clubes de la ciudad, **1015 Folsom** (PLANO: 16 P. 64 **C4**; *1015.com; 10-30 US$*) está repleto de DJ de electrónica y actuaciones de *hip hop*, y con cinco pistas de baile y bares, ha acogido a artistas como LCD Soundsystem. **Monarch** (PLANO: 17 P. 64 **C3**; *monarchsf.com; 0-25 US$*) tiene un estupendo equipo de sonido, salas con ambientes diferentes y DJ, y a veces bailarines aéreos. Las luces LED de la sala **Halcyon** (PLANO: 18 P. 64 **A4**; *halcyon-sf.com; 12-35 US$)* complementan a la perfección sus sesiones de *techno* intenso.

Relajarse con la Sinfónica de San Francisco ARTE/CULTURA

PLANO: 19 P. 64 **A2**

La **Orquesta Sinfónica de San Francisco** *(sfsymphony .org, 39-329 US$)*, ganadora de un Grammy, continúa el legado de los 25 años de carrera del exdirector Michael Tilson Thomas en el **Louise M Davies Symphony Hall.** La Sinfónica siempre innova, ya sea con clásicos o con la proyección de *Black Panther* con orquesta en directo. Con la salida en el 2025 del sucesor de Thomas, Esa Pekka-Salonen, la Sinfónica adoptó una interesante solución provisional: acoger a dos docenas de directores invitados en la temporada 2025-2026 durante la búsqueda del siguiente director musical. Karina Canellakis, la primera directora invitada de varias orquestas europeas, dirigió el debut del pianista francés Alexandre Kantorow con la Sinfónica interpretando el dificilísimo *Concierto para piano nº 3 en do mayor, Op. 26*, de Prokófiev.

Dejarse cautivar por la Ópera de San Francisco ARTE/CULTURA

PLANO: 20 P. 64 **A2**

Aunque el inimitable pintor David Hockney ya no trabaja activamente para la **Ópera de San Francisco** *(sfopera.com; 28-426 US$)*, sus escenografías radicales y trajes de alta costura siguen usándose y complementan la audaz dirección musical de Eun Sun Kim. Las butacas de palco cuestan 28 US$ (quizá hagan falta los binoculares que alquilan por 5 US$ en el guardarropa norte). Se representan obras atemporales para nuevos públicos, como *La Bohème* de Giacomo Puccini, y obras nuevas como *El cuento de la criada*, la ganadora de un Grammy *The (R)evolution of Steve Jobs* y *The Monkey King*, de David Henry Hwang, ganador de un Tony.

Sentirse ligero como el aire en el Ballet de San Francisco ARTE/CULTURA

PLANO: 21 P. 64 **A2**

El **Ballet de San Francisco** *(sfballet.org, 35-575 US$)*, el *ballet* más antiguo de EE UU, se fundó en 1933 para formar a bailarines para óperas. El repertorio va del clásico *Cascanueces*, cuyo estreno en EE UU fue aquí en 1944, a obras originales modernas. Las funciones comparten la War Memorial Opera House (p. 80) con la Ópera de SF, y son de diciembre a mayo. El *ballet* organiza colaboraciones internacionales que fusionan el arte visual, la moda y la música, como los delicados trajes rosa y amarillo creados por el director creativo de Gap Inc, Zac Posen para una versión de *Within the Golden Hour* de Christopher Wheeldon (2008).

Aprender en el Tenderloin Museum MUSEO

PLANO: 22 P. 64 C2

El **Tenderloin Museum** *(tenderloinmuseum.org, adultos/jubilados y estudiantes/menores de 12 años 10/6 US$/gratis)* es una forma excelente de conocer este famoso barrio rico en historia y cultura. Se ve en unos 45 min, y muestra dónde boxeó Muhammad Ali, dónde cantó Billie Holiday, y dónde lucharon los activistas LGTBIQ+ por su derecho a que les sirvieran en las cafeterías, además de crear el primer Distrito Cultural Transgénero (p. 75) de EE UU. Se entiende la complejidad de Tenderloin: de albergar burdeles a convertirse en un barrio de inmigrantes con viviendas asequibles. Los historiadores del Tenderloin Museum también guían a los visitantes intrépidos a los innovadores lugares de Tenderloin; son esenciales calzado cómodo y conocimiento urbano.

Comer por Tenderloin RESTAURANTES

Tenderloin suele ser un punto de llegada para nuevos inmigrantes que necesitan vivienda asequible. Esto se traduce en una de las mayores variedades gastronómicas de la ciudad. La principal vía gastronómica va de norte a sur por Larkin St, de Golden Gate Ave a Post St antes de girar por Lower Nob Hill ("Tendernob"), y de este a oeste entre Polk St y Jones St. Hay que llevar dinero en efectivo. Little

EL 'CASCANUECES' DE HELGI TOMASSON

La producción navideña del clásico *Cascanueces* es adorada en todo el mundo, pero la versión del Ballet de SF es especial. El exdirector artístico Helgi Tomasson, que estuvo al mando 37 años, creó una versión para la ciudad en el 2004, que la compañía aún presenta anualmente. Ambientada en SF a principios del s. XX, los diseñadores de escenografía y vestuario Michael Yeargan y Martin Pakledinaz combinaron colores y modas fieles a la época: los grises apagados y negros sugieren la niebla de la ciudad, y hay imágenes circenses. La representación incluye más de 150 bailarines y 70 kg de copos de nieve de papel que caen durante una escena icónica.

Saigon en Larkin St es el punto de referencia culinario, donde son de rigor el *banh mi* y el *pho* de gigantescas cubas de caldo a 5,50 US$. Otras cocinas destacadas de Tenderloin son la *halal* y la de Oriente Próximo/África del Norte, centroamericana, y un creciente número de restaurantes exclusivos y de alta cocina.

Apreciar la magia municipal en el Ayuntamiento y la Biblioteca

GALERÍAS DE ARTE

El Civic Center está coronado por la cúpula de tonos dorados del **Ayuntamiento** (PLANO: 23 P. 64 **A2**), que ha sido escenario de acontecimientos históricos como los primeros matrimonios entre personas del mismo sexo. En su interior, la rotonda es la favorita de los fotógrafos de bodas. Hay vestigios del pasado, como una cabeza de 318 kg de la "Diosa de la Libertad" que coronaba el edificio anterior a 1906.

Al lado está la **Biblioteca Central de San Francisco** (PLANO: 24 P. 64 **B2**), cuya entrada de Larkin St tiene una escultura de bronce de Maya Angelou de 2,7 m, con forma de libro, y el *Retrato de una mujer fenomenal,* de Lava Thomas. Dentro hay exposiciones en las seis plantas. Fuera está **UN Skate Plaza** y quincenalmente se celebra el **mercado agrícola Heart of the City.**

Repensar los espacios urbanos del Downtown

ARTE PÚBLICO

En el 2018 se inaugurá la **Salesforce Tower** (PLANO: 25 P. 64 **G3**), de 326 m, el más alto de la ciudad. La proyección de arte en lo alto de la torre (*Day for Night,* del artista Jim Campbell) tiene 11 000 luces LED. Junto a ella, el Salesforce Transit Center alberga el Salesforce Park de 2,2 Ha en la azotea, abierto al público, que incluye un breve trayecto en teleférico.

Otro espacio urbano impactante es **Central Subway** (PLANO: 26 P. 64 **A6**), inaugurado en el 2023, donde la línea T Muni sale de 4 St y Brannan St y recorre Yerba Buena, Union Sq y Chinatown, con

LOS SIN TECHO, LOS COLETAZOS DEL COVID-19

El problema de las personas sin hogar no es nuevo ni en ninguna ciudad, pero en SF se mezcla con el círculo vicioso provocado por la pandemia: oficinas vacías, gentrificación, crisis del fentanilo y servicios inadecuados que crean una ciudad insegura. Esta visión es exagerada (SF es un símbolo liberal, que recibe tanto ataques como elogios); las calles están más limpias y las órdenes de regreso a la oficina están repoblando lentamente el centro, pero el sinhogarismo perdura. Hay que confiar en el instinto para visitar ciertos barrios, o donar dinero o comida.

YHELFMAN/SHUTTERSTOCK

Ayuntamiento.

10 imponentes obras de arte público. Fuera de la estación de Yerba Buena, *Node,* de Roxy Paine, es una esbelta escultura de 31 m de altura.

Paseo entre secuoyas urbanas en Jackson Square ARQUITECTURA

Jackson Square (PLANO: 27 P. 64 **G1**) ha cambiado. Esta antigua zona portuaria que se llenó de barcos abandonados tras la fiebre del oro ahora es un refugio postpandémico para comercios y oficinas que antes estaban en Union Sq y Mid-Market. **Hotaling Place** es el callejón más antiguo de la ciudad, de 1866 como mínimo.

La emblemática **Transamerica Piramyd** (PLANO: 28 P. 64 **G1**) de 1972 tiene un parque de 2000 m² con 50 secuoyas, y se han abierto numerosos restaurantes. Hay un espacio de exposiciones gratuito, que en el 2025 presentó maquetas de la obra arquitectónica de Norman Foster, quien lideró la revitalización de la Transamerica.

Cultivarse en el Distrito Teatral ACTUACIONES EN VIVO

Ubicado entre Union Sq, Tenderloin, Mid-Market y el Civic Center, el **Theater District** rebosa cultura, desde los majestuosos teatros antiguos a las grandes salas de conciertos o los vibrantes clubes de *jazz*.

Para ver musicales de gran éxito en gira nacional como *Wicked* y *Hamilton*, hay que visitar los antiguos teatros **Curran** (PLANO: 29 P. 64 **D2**; *sfcurran.com; 40-310 US$*), **Golden Gate** (PLANO: 30 P. 64 **C2**; *goldengatetheatresf.com; 75-315 US$*) y **Orpheum** (PLANO: 31 P. 64 **B2**; *broadwaysf.com; 55-308 US$*). El **Herbst Theatre** (*sfwarmemorial .org/herbst-theatre; 0-105 US$*) es una sala más pequeña, de 900 butacas, dentro de la **War Memorial Opera House** (PLANO: 32 P. 64 **A1**; *sfwarmemorial.org; 28-418 US$*) que acoge actuaciones como cuartetos de cuerda y guitarristas solistas.

En el emblemático **American Conservatory Theater** (*ACT*; PLANO: 33 P. 64 **D2**; *act-sf.org; 15-109 US$*), de principios del s. xx, se disfruta de espectáculos innovadores. El **Strand Theater** del ACT (PLANO: 34 P. 64 **B3**; *act-sf .org/strand*), más pequeño, presenta una gama más amplia de espectáculos experimentales, como *Sweatshop Overlord*, de Kristina Wong, nominada al Premio Pulitzer. Entre las compañías más pequeñas o experimentales del centro están **San Francisco Playhouse** (*sfplayhouse.org; 40-135 US$*), **New Conservatory Theatre Center** (*nctcsf.org; 48,50-70,50 US$*), **CounterPulse** (*counterpulse.org; 0-300 US$*), **SAFEhouseARTS** (*safehousearts .org; 0-40 US$*) y **Phoenix Theatre** (*phoenixtheatresf.org; 25-30 US$*).

Varios clubes de *jazz* rinden homenaje a locales *underground* del pasado donde tocaron Miles Davis, Billie Holiday y Charlie Parker. **Black Cat** (PLANO: 35 P. 64 **C2**; *blackcatsf.com; entrada al bar gratis; espectáculos 9,50-35 US$*) busca recuperar la gloria relajada y sencilla de la capital del *jazz* de la Costa Oeste con un club en un sótano y un bar a pie de calle. **Mr Tipple's Recording Studio** (PLANO: 36 P. 64 **A2**; *mrtipplessf .com; 15-30 US$*) presenta a los mejores artistas locales, y buenos *dumplings*. **Dawn Club** (PLANO: 37 P. 64 **B5**; *dawnclub.com; entrada al bar gratis; espectáculos 15-30 US$*) revive un local de *jazz* de 1946, con cócteles de primera.

Para otros conciertos en vivo, **Rickshaw Stop** (PLANO: 38 P. 64 **A2**; *rickshawstop.com; 15-25 US$*) es un pequeño club ideal para actuaciones de *indie* y *underground*. Salas de conciertos más grandes como el **Great American Music Hall** (*gamh.com; 5-100 US$*), el **Bill Graham Civic Auditorium** (*billgrahamcivic.com; 55-629 US$*), el **Warfield** (*thewarfieldtheatre .com; 50-250 US$*), **Regency Ballroom** (*theregencyballroom .com; 44-76 US$*) y el **August Hall** (*augusthallsf.com; 49-74 US$*) traen grandes artistas en gira como el dúo francés de pop Stereolab y la banda de *rock* Garbage. No hay que olvidar el antiguo club de comedia **Punch Line** (PLANO: 39 P. 64 **G2**; *punchlinecomedyclub .com; 21-49 US$*) en Embarcadero, donde actuaba la comediante local Ali Wong durante su ascenso a la fama.

San Francisco Giants DEPORTES

PLANO: 40 P. 64 **F6**

Los **San Francisco Giants** *(mlb .com/giants/tickets; 15-170 US$)*, equipo de béisbol desde 1883 (originalmente New York Gothams), tienen su sede en esta ciudad desde 1958, y actualmente en el estadio **Oracle Park** de Mission Bay, que acoge la temporada de béisbol (mar-sep) y otros eventos como conciertos todo el año.

Se ofrecen vistas virtuales de los asientos al comprar las entradas en línea. Se puede reservar aparcamiento por unos 20 US$ en una *app* como SpotHero, o pagar hasta 100 US$. El transporte público a 2nd St y King St es barato y fácil. El parque abre de 90 a 120 min antes de los partidos. Hay múltiples entradas al estadio, incluida una a través del contiguo **58 Social** *(mlb.com)*, antes Public House. Hay que llevar protector solar y chaqueta. Se recomienda leer las normas del estadio antes de ir y reservar 3 h para los partidos. La icónica escultura de Coca-Cola en el Fan Lot tiene toboganes para niños.

VER UN PARTIDO GRATIS

Por la pasarela que hay junto a McCovey Cove detrás del Oracle Park, está Triples Alley, pasado el Gotham Club. Por unos detectores de metal se entra a una zona sombreada y enrejada, que algunos llaman el **Mirador,** para ver tres partidos gratis, aunque desde lejos del campo. Si no hay mucha gente, uno puede quedarse más tiempo. Quien tenga kayak puede ver las pantallas gigantes desde el agua. El **China Basin Park,** frente a la cala, cobra vida 2½ h antes de los partidos, con comida, bebida y asientos para ver las pantallas y oír el partido.

PLANO: 41 P. 64 **E6**

Los amantes de la comida pueden buscar sus puestos favoritos o dar una vuelta por cada planta. **Doggie Diner,** una institución de SF, tiene locales por doquier con perritos calientes. Nunca faltan las patatas fritas con ajo, típicas del parque. Los sándwiches de cangrejo de **Crazy Crab'z** y la *pizza* de **Tony's** podrían agotarse. Otras buenas opciones son el *dole whip* de **Lumpia Company,** los bocadillos de pollo frito de **Fuku,** del chef David Chang, y **Rah Rah Ramen.**

SUGERENCIAS

Lo mejor para...

$ Económico $$ Medio $$$ Alto

Localizaciones en el plano de la **p. 64**

Comer

'Pho', 'ramen' y otros fideos

Turtle Tower $$
42 G2
El primero en introducir SF al *pho* estilo norvietnamita, con caldo claro y tallarines de arroz anchos. Destaca el *phở gà* (*pho* de pollo). *11.00-21.00*

Dabao Singapore $$
43 A5
La chef de alta cocina Emily Lim abrió un puesto ambulante al estilo de Singapur donde sirve platos como *laksa* de marisco. *11.00-15:30 ma-ju, hasta 19.00 vi-do*

Hinodeya Ramen $$
44 D2
Ramen integral en un caldo *dashi* elaborado con bonito, *kombu* y vieiras, cubierto con *chashu* (panceta de cerdo estofada) y huevo. *10.00-1.30*

Hải Ký Mì Gia $
45 B1
Restaurante chino-vietnamita de fideos famoso en Tenderloin por su sopa de fideos con pata de pato. *9.00-18.00 mi-do*

Café y bocados dulces

Sana'a Cafe $
46 C5
Cafetería yemení con hojaldres salados caseros. También ofrece pasteles de pistacho. *6.30-22.00 lu-vi, desde 8.00 sa y do*

Sextant Coffee Roasters $
47 A4
Este buque insignia, de propietarios negros y especializado en café etíope, ofrece el exclusivo Wired Ghandi (*chai* picante y sucio). *7.30-16.00 lu-vi, desde 8.30 sa y do*

Cafe Suspiro $
48 B4
Local de dueños latinos con café, discos, libros y arte. *8.00-16.00 lu-ju, hasta 15.00 vi, 9.00-15.00 sa*

Paper Son Coffee $
49 C6
Entre las especialidades está el Pandan Aerocano, con el famoso pan con sal coreano de Tano. *8.00-14.30 ma-ju, desde 8.30 vi y lu*

Desayuno y 'brunch'

Brenda's French Soul Food $$
50 B1
Buñuelos de *gumbo* y *ube* (ñame morado filipino) de la chef *queer* filipino-criolla Brenda Buenviaje. Favorito desde el 2007. *8.00-20.00 mi-lu, hasta 15.00 ma*

Cassava Cafe $
51 G1
Este café con patio californiano-japonés tiene *spam onigirazu* (bocadillos de arroz envueltos en *nori*) y cajas *bento* de confit de pato de Sonoma. *8.00-15.30 lu-vi*

620 Jones $$
52 D1
Brunches drag los fines de semana en una terraza al aire libre. *9.00-14.30 y*

16.30-22.00 ma-ju, hasta 24.00 vi, 11.00-24.00 sa, 11.00-15.30 do

JT Restaurant $$

53 A5

En Mint Mall, para disfrutar de platos *silog:* arroz con ajo, huevos y proteína como *longanisa* (salchicha dulce filipina). Solo efectivo. *9.00-19.30 lu-sa*

'Dim Sum'

HK Lounge Bistro $ $$

54 B4

Dim sum recomendado por Michelin en un local pequeño; hay que reservar. *11.00-14.30 y 17.00-20.30 mi-vi, desde 10.00 sa y do*

Harborview Restaurant & Bar $$$

55 H2

Local exclusivo de *dim sum* cuya terraza al aire libre tiene vista al Ferry Building y al agua. *11.30-14.00 y 17.00-21.00 ma-vi, 10.30-2.30 sa y do*

Yank Sing $$$

56 H3

Dim sum caro con servicio diario de carrito. Tienen otro local en Stevenson St. *11.00-15.00 ma-vi, desde 10.00 sa y do*

Restaurantes elegantes

Azalina's $$$

57 C2

Pasó de ser un puesto de comida malaya en el antiguo edificio de Twitter a un restaurante de alta cocina nominado al Premio James Beard en Tenderloin con un asequible menú degustación (89 US$). *17.00-20.30 mi-sa*

Bodega $$$

58 D2

Homenaje de comida vietnamita de lujo del chef Matthew Ho al anterior restaurante en Tenderloin de su familia, Bodega Bistro. *11.00-15.00 y 17.00-21.00 do-ju, hasta 22.30 vi y sa*

Benu $$$

59 B6

La cocina coreana actual del chef Corey Lee, con tres estrellas Michelin, es sinónimo de la alta gastronomía de SF; menú fijo de 390 US$. *17.30-20.30 ma-sa*

Californios $$$

60 A4

Alta cocina californiano-mexicana, con dos estrellas Michelin, del chef Val M. Cantú. *17.00-22.00 ma-sa*

Marisco

Hog Island Oyster Company $$

61 H2

Ostras cultivadas de forma sostenible (de Sweetwater a Kumamoto) de la norteña bahía de Tomales. *11.30-20.00 lu-vi, desde 11.00 sa y do*

Waterbar $$$

62 H4

Cena junto al agua con un destacado plato del día, ostras a solo 1,55 US$/unidad. *11.30-14.30 y 17.00-21.00 do-ju, hasta 21.30 vi y sa*

Crustacean $$$

63 G2

A esta familia se le atribuye la invención de los fideos de ajo vietnamitas americanos, con cangrejo Dungeness asado. *16.45-20.15 ma-ju, hasta 20.45 vi y sa*

Angler $$$

64 H3

Versión a fuego vivo del marisco con estrella Michelin de Saison: bacalao negro añejo con tirabeques carbonizados y ajetes encurtidos. *12.00-21.00 lu-vi, desde 17.00 sa y do*

Beber

Antros

Emperor Norton's Boozeland

65 B1

Bar de dos plantas con billar, patio trasero, medias pintas, y una cultura inclusiva. *13.00-2.00*

Sutter Station Tavern

66 F2

Bar del distrito financiero abierto desde 1969 con un funicular aparcado fuera para sentarse. Era el bar donde quedaban los agentes de Bolsa. *11.00-14.00 lu-sa*

Edinburgh Castle

67 C1

Este patriótico bastión de la bebida tiene diana y billares, además de pescado con patatas fritas y vinagre. *18.00-2.00*

Tempest Bar & Box Kitchen

68 D3

Chupitos y cervezas a buen precio, además de billar y *pizza*. La cocina abre hasta medianoche. *11.00-2.00 lu-vi, desde 12.00 sa y do*

Bares de cócteles

Bourbon & Branch

69 C1

Bar clandestino de la época de la Ley Seca con letreros engañosos; hace falta contraseña. Se requiere reserva para su bar clandestino dentro de otro bar clandestino, el Wilson & Wilson Detective Agency. *18.00-24.00 do-mi, hasta 2.00 ju-sa*

The Felix

70 D2

Escondido debajo de la lujosa bodega; hay que empujar una foto enmarcada para que aparezcan el "bar" y la sala de música. *18.00-24.00 ju, 20.00-1.00 vi y sa*

Starlite

71 E2

Bar en la azotea del Beacon Grand (antiguo Sir Francis Drake). Reabrió con cócteles del equipo del Trick Dog. *16.00-1.00 ju, hasta 2.00 vi y sa, hasta 24.00 do*

Dark Bar

72 C2

Licores e ingredientes asiáticos de temporada. Los bocados pequeños también son creativos. *18.00-23.00 ju-sa*

Bares de vinos

Verjus

73 G1

Moderno bar de vinos y restaurante francés que reabrió sus puertas con bullabesa de cangrejo Dungeness y vinos espumosos excepcionales. *16.00-22.00 ma-vi, hasta 23.00 sa y do*

Pawn Shop

74 C3

Se accede al bar de vinos y tapas estilo clandestino a través de una casa de empeños. Entrada: un objeto para intercambiar. *17.00-21.00 ma-sa*

DECANTsf

75 B4

Bar de vinos y tienda con una amplia carta de pescado enlatado; propiedad de personas *queer*, mujeres y personas negras. *14.00-21.30 lu-mi, hasta 22.30 ju-sa, hasta 20.00 do*

SF Wine Society

76 G1

Vinos internacionales en un bar que parece una sala de estar; hay que reservar la pista de petanca. *16.00-22.00 ma-sa, hasta 21.00 lu*

Bares 'tiki' modernos

Pacific Cocktail Haven
77 E2
Tiene bebidas como Leeward Negroni, ginebra Sipsmith VJOP, Campari infusionado con aceite de coco, licor de pandán y amargos. *17.00-24.00 lu-sa*

Zombie Village
78 C2
El *The Vacation* lleva pisco, mango, cítricos y especias de repostería. *17.24-24.00 mi, hasta 00.30 ju, hasta 2.00 vi y sa*

Pagan Idol
79 F2
Cócteles de rutas marinas muy documentados, como *Hemingway is Dead*: ron, amargos y pomelo. *16.30-2.00 ju-sa, hasta 24.00 ma y mi, 17.30-23.00 lu*

Comprar

Ropa y regalos

Britex Fabrics
80 E2
Sedas llamativas, telas difíciles de encontrar y escaparates fabulosos. *11.00-16.00 lu-vi*

Mr S Leather
81 B4
Sex shop centrada en la comunidad *queer* que es de las más reconocidas de su tipo en la Costa Oeste. *12.00-19.00*

Vacant to Vibrant
82 D2
Tiendas temporales de venta al detalle, arte, eventos y comida en espacios de oficinas del centro que están vacíos. *En vibrantsf.org aparece la lista y horarios de los locales.*

SFMOMA Museum Store
véase SFOMA B5
Regalos coloridos y especiales: de joyas inspiradas en exposiciones a juguetes para niños. No hace falta entrada del museo. *11.00-17.00 vi-ma, 12.00-20.00 ju*

Manualidades y artículos de menaje

Heath Ceramics
83 H2
Los icónicos colores apagados y diseños de mediados del s. XX de Heath se mantienen fieles a los originales de Edith Heath de 1948. *10.00-18.00 lu-vi, 9.00-17.00 sa, 10.00 hasta 17.00 do*

Bernal Cutlery
84 H3
Selección internacional de cuchillos, utensilios de cocina y artículos de bodega para regalar. *11.00-17.00*

Librerías

William Stout Architectural Books
85 G1
El secreto del diseño de SF, donde se inspiran los arquitectos y fabricantes de monopatines. *12.30-17.30 do-ju, hasta 19.30 vi, 11.30-19.30 sa*

Argonaut Book Shop
86 D1
Librería de libros raros fundada en 1941; centrada en la historia de California y el oeste de EE UU. *Con cita previa*

Chronicle Books
87 F5
Editorial independiente con una librería en la planta baja que ofrece desde libros de cocina a artículos de papelería. *9.00-17.00 lu-vi*

Book Passage
88 H2
Para coger un libro para el ferri o asistir a uno de los numerosos eventos con autores en vivo. *10.00-17.00 lu-vi, desde 9.00 sa, desde 11.00 do*

Sugerencias de lugares para comer, beber y comprar en **p. 100**

Explora Chinatown y North Beach

Por Alison Bing

Grant St conecta los históricos barrios chino e italiano, con sus historias de inmigrantes, ideas radicales, arte audaz y resiliencia. Bajo los techos de pagoda de Chinatown hay fideos, té y templos, como en la fiebre del oro, pero también se vislumbra el futuro, con arte contemporáneo de vanguardia, restaurantes que marcan tendencia y calendarios llenos de eventos. Los loros de cabeza roja de North Beach imitan la cháchara de los bares bohemios y los cafés italianos, que sirven suficiente *espresso* como para impulsar otro movimiento poético en City Lights, emblema de la libertad de expresión. Ya apetezca pato a la pekinesa, *pizza* o *pizza* de pato a la pekinesa, este es el lugar indicado para disfrutar de una comedia innovadora, punk, ópera cantonesa o *jazz* de la Costa Oeste.

Cómo desplazarse

Funicular

Desde el Downtown o Fisherman's Wharf, se toma la línea Powell-Mason o la Powell-Hyde a Chinatown o a North Beach. El funicular de California St pasa por la parte sur de Chinatown.

Tranvía

La ampliación de la línea T une Chinatown y North Beach con el Downtown y Dogpatch.

Autobús

Las rutas principales de Chinatown y North Beach son las n° 1, 12, 30, 39 y 45.

Callejones de Chinatown (p. 90).
BENJAMIN HEATH FOR LONELY PLANET

★

LO MEJOR

MONUMENTOS A LA RESILIENCIA
Callejones de Chinatown (p. 90)

MONUMENTO A LA LIBERTAD DE EXPRESIÓN
City Lights Books (p. 92)

ARTE CON VISIÓN DE FUTURO
Edge on the Square (p. 96)

ESCENAS ESCANDALOSAS
Coit Tower (p. 93)

HISTORIA INMERSIVA
Chinese Historical Society of America (p. 97)

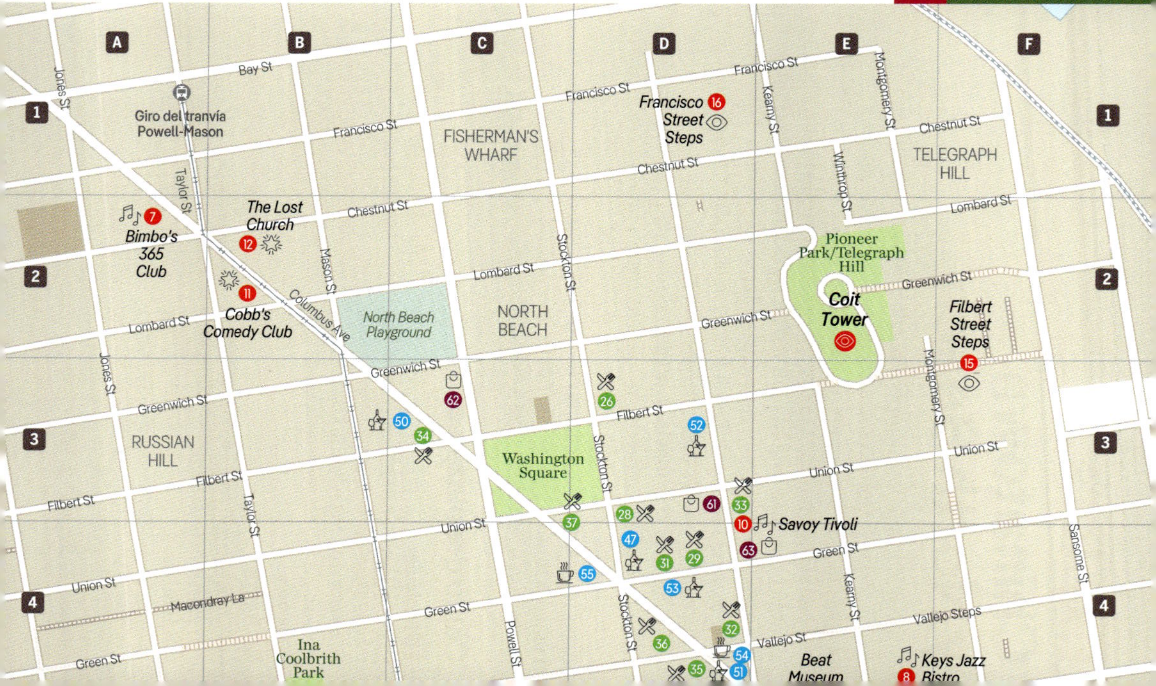
A
B
C
D
E
F
1
2
3
4
Bay St
Francisco St
Chestnut St
Lombard St
Greenwich St
Filbert St
Union St
Green St
Vallejo St
Vallejo Steps
Macondray La
Jones St
Taylor St
Mason St
Columbus Ave
Stockton St
Powell St
Kearny St
Montgomery St
Winthrop St
Sansome St
Giro del tranvía Powell-Mason
FISHERMAN'S WHARF
TELEGRAPH HILL
NORTH BEACH
RUSSIAN HILL
North Beach Playground
Washington Square
Pioneer Park/Telegraph Hill
Ina Coolbrith Park
7 Bimbo's 365 Club
12 The Lost Church
11 Cobb's Comedy Club
16 Francisco Street Steps
Coit Tower
15 Filbert Street Steps
10 Savoy Tivoli
8 Keys Jazz Bistro
Beat Museum
26
28
29
31
32
33
34
35
36
37
47
50
51
52
53
54
55
61
62
63

Más información
Imprescindible p. 90
Experiencias p. 96
Comer p. 100
Beber p. 101
Comprar p. 103
City Lights Books
Mabuhay Gardens
Great Star Theater
Golden Gate Fortune Cookies
41 Ross Alley
Chinatown Alleyways
Chinese Culture Center
Chinatown Alleyway Tours
Portsmouth Square
Templo de Tin How
Edge on the Square
Chinese Historical Society of America
Jessica Silverman Gallery
St Mary's Square
FINANCIAL DISTRICT (FIDI)
CHINATOWN
NOB HILL
Huntington Park
Broadway
Grant Ave
Columbus Ave
Montgomery St
Washington St
Kearny St
Sacramento St
Pacific Ave
Stockton St
Jackson St
Clay St
Pine St
California St
Mason St
Taylor St
Jones St
Leavenworth St
Vallejo St
Broadway Tunnel
BRdway
200 m

★ IMPRESCINDIBLE

Callejones de Chinatown

Desde 1849 estos 41 callejones han sobrevivido a la fiebre del oro, la revolución, incendios y recepciones gélidas. Resistieron las leyes de exclusión que restringían la inmigración, el empleo y la vivienda de los chinos durante 73 años; ahora son referentes culturales y plataformas del arte, la ayuda mutua y las celebraciones compartidas.

PLANO P. 88 **D6**

CONSEJO
Unos historiadores adolescentes guían los **Chinatown Alleyway Tours** *(chinatownalleywaytours.org; adultos/estudiantes/niños 50/20/10 US$; 2 h)*, desde la revolución que planeó Sun Yat-sen hasta Bruce Lee, que derribó barreras raciales.

Waverly Place

A través de terremotos, guerras mundiales y tiroteos durante la Ley Seca, Waverly Place cambió la cultura a su alrededor. En el **templo de Tin How** *(9.30-15.00 vi-mi)*, con su balcón adornado con banderas, se ofrecen oraciones desde 1852, incluso después del célebre terremoto e incendio de 1906, cuando aún ardían los altares. El aroma a incienso de sándalo guía hasta la planta superior. La entrada es gratuita pero aceptan ofrendas; no se permiten fotografías dentro.

Quizá los lectores recuerden a Waverly, una de las narradoras de la novela de Amy Tan *El club de la buena estrella*. Para encontrar nuevas novelas, está **On Waverly** (p. 103; *onwaverly.com*), que presenta autores y artistas asiático-americanos.

BENJAMIN HEATH FOR LONELY PLANET

Ross Alley

El colorido Ross Alley aparece en taquillazos de Hollywood poco convencionales *(Karate Kid II, En busca de la felicidad)* y es la estrella de joyas *indie* como *Who Is Michael Jang?* y *Chan Is Missing*. Hay exposiciones de arte contemporáneo del Chinese Culture Center en **41 Ross Alley** (p. 96; *41ross.org; gratis*), y se puede buscar fortuna en **Golden Gate Fortune Cookies** *(goldengatefortunecookies.com)*, donde estampan las galletas con prensas antiguas, igual que en 1909, cuando se inventaron.

Escanea este código QR para los próximos eventos y espectáculos de Ross Alley.

★ IMPRESCINDIBLE

City Lights Books

Los espíritus libres y la libertad de expresión se refugian aquí desde 1957. Las palabras eran peligrosas en esa década, cuando se prohibían libros de las bibliotecas, los guionistas de Hollywood estaban en listas negras y se arrestaba a comediantes por blasfemar en los clubes nocturnos de North Beach. Aun así, el poeta Lawrence Ferlinghetti fundó City Lights.

PLANO P. 88 **E5**

CONSEJO
El sótano de no ficción literaria *underground* está organizado por temas poco convencionales como continentes robados, periodismo de investigación y estética de las mercancías.

Escanea este código QR para las próximas lecturas y eventos.

'Una especie de biblioteca donde se venden libros'

Como reza el cartel manuscrito de Lawrence Ferlinghetti, en City Lights se anima a curiosear sin prisas. Uno puede ponerse poético arriba, en la Poetry Room, leer fanzines en el entresuelo y reflexionar sobre ideas radicales en la planta baja, en la sección Pedagogies of Resistance. En la planta principal, hay publicaciones de City Lights de Angela Davis, Diane di Prima y Noam Chomsky, lo que confirma otro cartel de Ferlinghetti: "La tinta de impresora es el mayor explosivo".

Poetry Room

La serie Pocket Poets de City Lights acercó la poesía al público e impulsó el movimiento poético *beat*. El cuarto libro fue el épico *Howl and Other Poems* (1956) de Allen Ginsberg, que llevó a Ferlinghetti y al gerente de City Lights, Shigeyoshi Murao, a la cárcel por publicar poesía homoerótica. Combatieron las acusaciones de obscenidad no con tecnicismos sino por méritos artísticos, y obtuvieron una victoria histórica en libertad de expresión. Se celebra la libertad de lectura en la Poetry Room, con vistas a Jack Kerouac Alley, en la llamada Silla del Poeta con uno de los 60 libros Pocket Poets, incluido *Howl*, disponible en 24 idiomas.

★ IMPRESCINDIBLE

Coit Tower

En lo alto de Telegraph Hill está la Coit Tower, un encargo de la millonaria protectora de los bomberos Lillie Hitchcock Coit, quien causó revuelo en la década de 1860 por apostar, beber y llevar uniforme de bombero. Los murales del vestíbulo, de la década de 1930, que homenajeaban a los obreros fueron denunciados por comunistas, pero ahora son un monumento.

PLANO P. 88 **E2**

Murales del vestíbulo

Estos murales muestran cómo era la vida cotidiana aquí durante la Gran Depresión: los ciudadanos organizaban sindicatos de trabajadores portuarios, hacían cola en comedores populares, hacían fiestas pese a la Ley Seca y leían libros (incluidos manifiestos marxistas) en chino, italiano e inglés. Cuando se completaron en 1934, las obras de arte fueron tan controvertidas que la inauguración de la torre fue retrasada por la censura. Las autoridades tildaron de comunistas a los 26 artistas que las pintaron, y exigieron que se eliminaran los elementos radicales. Los artistas se negaron y, en un acuerdo de última hora, los empleados del parque pintaron un logotipo del sindicato encima del símbolo de la hoz y el martillo. En el 2012, se aprobó mediante votación que se conservaran como monumentos históricos, y hoy, recién restaurados, siguen siendo audaces.

CONSEJO

Para una panorámica de la ciudad, se toma el ascensor de la década de 1930 hasta la **plataforma de observación** *(adultos/estudiantes/niños 10/7/3 US$)* al aire libre de la torre.

Tesoros secretos

Puede reservarse una **visita** *(desde 5 US$)* a la estrecha escalera del 2º piso, cuyos siete murales recién descubiertos estuvieron ocultos 80 años. Muestran SF en la década de 1930; el más impactante es el mural de temple al huevo de Jane Berlandina *Home Life,* que muestra a personas horneando pasteles y relajándose.

Escanea este código QR para información y visitas a los murales.

CIRCUITO A PIE

Un paseo 'beat'

Es fácil inspirarse en el ambiente literario de North Beach, cuyos poetas, escritores y personajes originales, a quienes Jack Kerouac llamó "los locos", aún campan a sus anchas. En calles con nombres de leyendas de la palabra oral, se conecta con la poesía y se debate filosofía.

INICIO	FINAL	DURACIÓN
City Lights Books	Vesuvio	1,13 km; 45 min

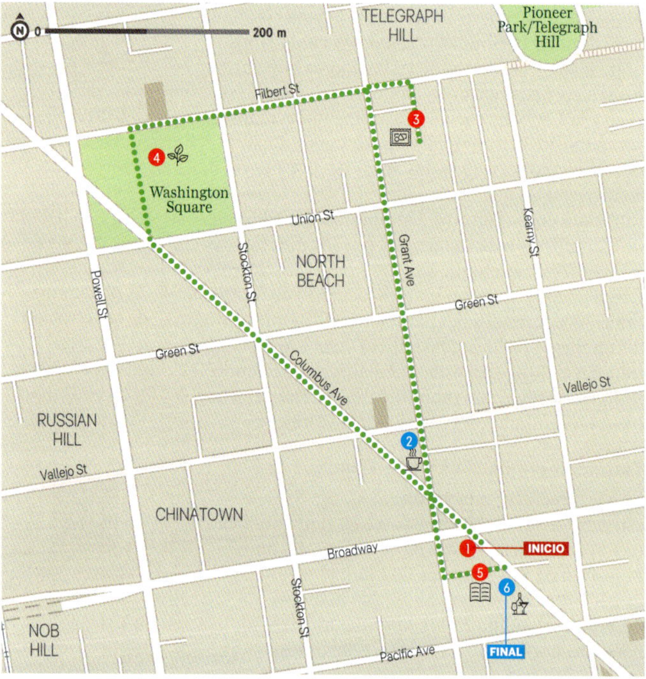

1 Iluminarse en City Lights

En **City Lights Books** (p. 92), hogar de la poesía *beat* y la libertad de expresión, hay palabras selectas para inspirar el viaje a la literaria North Beach, como los *San Francisco Poems* de Lawrence Ferlinghetti.

2 Ópera y 'espresso'

Se sube por la manzana de Vallejo St que Ferlinghetti llamó "Poet's Piazza" y se entra al **Caffe Trieste** (p. 103) a oír ópera en la gramola y tomar un *espresso* en el reservado de atrás. Aquí esbozó el cineasta Francis Ford Coppola el guion de *El padrino*.

3 Reflexionar en un callejón

En **Bob Kaufman Alley** se honra al legendario poeta oral negro, judío, budista, y cofundador de la revista *Beatitude*. Encarcelado frecuentemente por "resistirse al arresto" en verso, Kaufman nunca se quedó sin palabras, hasta el asesinato de John F Kennedy, cuando hizo un voto de silencio de 12 años que duró hasta que terminó la guerra de Vietnam. Entonces entró a un café de North Beach y recitó su oda a la paz *"All Those Ships That Never Sailed"*.

4 Cápsulas del tiempo literarias

Se descansa en el banco dedicado a la fundadora de la ciudad Juana Briones, cuyo rancho se convirtió en **Washington Square** en 1850. Hay una estatua de Benjamin Franklin, que sustituyó a la del excéntrico dentista Henry Cogswell que erigió él mismo. Los vecinos la derribaron, pero dejaron intacta la cápsula del tiempo hasta 1979: contenía un manifiesto feminista del s. XIX, un periódico en chino de SF y aterradoras herramientas dentales. Ahora hay otra cápsula, que contiene poesía de Lawrence Ferlinghetti, vaqueros Levi's y vino.

5 Poesía en la acera

Se camina por Columbus, pasada City Lights, para adentrarse en **Jack Kerouac Alley,** repleto de murales y poesía. En este callejón está la oda a la ciudad del autor de *En el camino* y *Dharma Bums*: "El aire era suave, las estrellas tan hermosas, la promesa de cada callejón adoquinado tan grandiosa..." Sigue siendo así.

6 Brindis míticos en Vesuvio

Jack Kerouac una vez ignoró al autor Henry Miller para irse a **Vesuvio** (p. 102). El cóctel literario y legendario por excelencia de Vesuvio lleva el nombre de la poeta *beat* Diane di Prima, que publicó 50 libros en vida, incluido el visionario *Cartas revolucionarias*.

EXPERIENCIAS

Mirar al futuro en las galerías de Chinatown

GALERÍAS

En **Edge on the Square** (PLANO: 1 P. 88 E7; *edgeonthesquare.org; gratis*), centro artístico de vanguardia de Chinatown, se descubren nuevas perspectivas sobre temas actuales con impactantes exposiciones como *All Eyes On Us: Invention & Ingenuity During Artistic Diasporas*. Los eventos combinan arte, comunidad y alegría, desde las celebraciones del Orgullo en Chinatown hasta demostraciones de chefs que exploran la identidad asiático-americana mediante la gastronomía.

En lo alto del puente peatonal que cruza Kearney St, un sol de mosaico adorna las escaleras del **Chinese Culture Center** (PLANO: 2 P. 88 E6; *cccsf.us; gratis*), que amplía horizontes artísticos desde 1965 con artistas chinos contemporáneos. Se visita la galería satélite del centro en **41 Ross Alley** (PLANO: 3 P. 88 D6; *41ross.org; gratis*), y se profundiza en el panorama artístico local en los **Chinatown History and Art Walking Tours** *(1½-2 h; min. 4 personas; 45 US$/persona)*.

Entre ferias internacionales de arte, los artistas estrella se reúnen en la **Jessica Silverman Gallery** (PLANO: 4 P. 88 E7; *jessicasilvermangallery.com; gratis*). Tras las puertas de cristal esmerilado se esconden universos paralelos, con los jardineros cósmicos de Ruby Tut, las colchas creadoras de mundos de Judy Chicago y los *Traumanautas reparadores de la historia* de David Huffman.

Celebrar el Año Nuevo lunar

FESTIVAL

Chinatown celebra el Año Nuevo lunar durante un mes, con **mercados nocturnos** *(bechinatown.weebly.com)* a lo largo de Grant Ave, iluminada por farolillos y repleta de bambúes de la suerte, sobres rojos y mandarinos en miniatura. Hay un dragón de 60 m, leones bailarines y feroces artistas marciales infantiles en el **Desfile del Año Nuevo Chino** *(chineseparade.com; gratis)*. Al final de la noche, todos están felices y afónicos de tanto desearse prosperidad: *"Gung hay fat choy!"* (cantonés) o *"Gōng xǐ fā cái!"* (mandarín).

Cada año lunar está representado por uno de los 12 signos animales del zodíaco chino y cinco elementos naturales: el 2026 es el año del caballo de fuego, el 2027 el de la cabra de fuego, y el 2028 el del mono de tierra. Cada 12 años, el signo del año lunar coincide con el signo del año de nacimiento, lo que supone una excusa más para festejar. Si uno no sabe su signo, el Muro del Zodíaco Chino, cubierto con sobres rojos en Jack Kerouac Alley (p. 95), muestra los signos zodiacales y los rasgos de personalidad asociados al año de nacimiento.

Viajes en el tiempo en la Chinese Historical Society of America

MUSEO

PLANO: 5 P. 88 **D7**

En la **Chinese Historical Society of America** *(chsa.org; adultos/estudiantes/niños 12/10/5 US$)*, construida como el YWCA de Chinatown por la arquitecta del castillo Hearst Julia Morgan, uno imagina cómo era ser chino en EE UU en la fiebre del oro, la época de la exclusión china (1870-1943) y el auge *hippie*. Las exposiciones en este monumento de 1932 destacan la cultura sino-estadounidense, desde los carteles de los clubes nocturnos de Chinatown de la II Guerra Mundial hasta los trajes de artes marciales y la biblioteca de filosofía de Bruce Lee.

Jugar en Portsmouth Square

PARQUE

PLANO: 6 P. 88 **E6**

Unos practican taichí al amanecer, otros preparan pícnics para almorzar, los niños corren a la zona de juegos y los ajedrecistas planean jugadas hasta entrada la noche. Esto es Portsmouth Sq, en Chinatown. Al estallar la fiebre del oro en California en 1849, Portsmouth Sq era su centro: el burlesco Jenny Lind Theater hizo de Ayuntamiento, bien ubicado frente a los burdeles de Commercial St, junto a las primeras oficinas de periódicos, la escuela pública y el cuartel de los Vigilantes.

Las madamas victorianas y los vigilantes desaparecieron hace mucho, y Portsmouth Sq se ha sosegado, pero este parque sigue animado y abierto a ideas. Preside la plaza la **Diosa de la Democracia**, una réplica de bronce de la estatua de escayola

EL NEÓN BRILLANTE DE GRANT AVENUE

Grant Ave se convirtió en la calle más brillante de EE UU hace 100 años, como parte del rediseño de Chinatown. Tras el terremoto de 1906, los promotores inmobiliarios conspiraron para dejar Chinatown fuera de SF, con el pretexto de que era un barrio chino (aunque los que se beneficiaban eran los arrendadores blancos). Los astutos líderes de Chinatown, liderados por Look Tin Eli, presionaron para rebautizar la turbia DuPont St como Grant Ave y consultaron con arquitectos para diseñar el moderno estilo de Chinatown con techo de pagoda. Los tenues faroles se sustituyeron por deslumbrantes farolas envueltas por dragones. El cambio de imagen funcionó a la perfección: fotógrafos, fiesteros y famosos acudieron en masa, convirtiendo a **Li Po** (p. 102) y **Buddha Lounge** (p. 102), con sus luces de neón en atractivos emblemáticos.

EL OTRO BROADWAY

En SF los espectáculos de Broadway no son precisamente musicales de Disney. La franja de Broadway de North Beach lo ha visto todo desde la década de 1930: el primer bar abiertamente lésbico (Mona's, 1936), un local exclusivamente *drag* (Finocchio's, 1936), actuaciones de comedia sin censura (Jazz Workshop, 1961), un club de estriptis en toples (Condor Club, 1964) y un club de estriptis sindicado (Lusty Lady, 1997). Algunos espectáculos aquí cambiaron la historia: Carol Doda fue arrestada por ir en toples pero ganó su causa, y Lenny Bruce fue arrestado y absuelto de los cargos de obscenidad. Los espectáculos del Broadway de SF siguen desafiando barreras y límites, honrando a casi un siglo de artistas intrépidos.

que hicieron los manifestantes en la plaza Tiananmen, en Pekín, en 1989. El puente peatonal de Portsmouth Sq es un imán para artes y eventos como el **Orgullo de Chinatown,** una celebración de la comunidad LGTBIQ+ del barrio. Para vislumbrar lo que le espera a SF y al mundo, hay que estar atentos a este espacio, y traerse un pícnic.

Roquear en North Beach — MÚSICA EN DIRECTO

Los clubes de North Beach están resurgiendo. El **Bimbo's 365 Club** (PLANO: 7 P. 88 **A2**; *bimbos365club.com*) es un icónico bar clandestino de 1931 conocido por las bandas de *indie* bailable (Zap Mama, Dandy Warhols) y talentos de renombre (Adele, Van Morrison, Lizzo). **Keys Jazz Bistro** (PLANO: 8 P. 88 **E4**; *keysjazzbistro.com*) presenta residencias rotativas de talentos internacionales del *jazz* y clásicos estridentes de la Jazz Mafia de SF. El punk no ha muerto en **Mabuhay Gardens** (PLANO: 9 P. 88 **F5**), club de cenas filipino de la década de 1970 que se arriesgó con artistas locales ruidosos, como Dead Kennedys, Avengers y un Metallica sin contrato. En **Savoy Tivoli** de 1907 (PLANO: 10 P. 88 **D4**; *savoytivoli.com*), repleto de murales, el pequeño escenario que sobrevivió a los espectáculos revolucionarios de los Ramones, Muddy Waters y el fenómeno *drag* de SF Beach Blanket Babylon está renovado.

Disfrutar de comedia 'underground' — COMEDIA

Los espectáculos cómicos abarrotan los clubes de North Beach desde la década de 1930: el comediante Lenny Bruce fue arrestado aquí por blasfemar en 1961 y obtuvo una victoria histórica en la lucha por la libertad de expresión. Hoy, el Bimbo's 365 Club y el **Cobb's Comedy Club** (PLANO: 11 P. 88 **B2**;

mayores de 18 años; entradas desde 25 US$) aún impulsan y relanzan carreras (John Oliver, Mo Amer, Michelle Wolf) en espectáculos con un mínimo de dos bebidas. En la pequeña organización sin ánimo de lucro **The Lost Church** (PLANO: 12 P. 88 **B2**; *thelostchurch.org*) y el **Great Star Theater** (PLANO: 13 P.88 **E6**; *greatstartheater.org*) de Chinatown, los cómicos preparan material para el **SF Sketchfest** *(sfsketchfest.com)*; pero aquí se ve primero.

Beat Museum

MUSEO

PLANO: 14 P. 88 **E5**

Las improvisaciones de Bob Dylan suenan en la librería, Allen Ginsberg recita poesía desnuda en un documental y los visitantes, colocados, sonríen beatíficos. Este es el **Beat Museum** *(kerouac .com; adultos/estudiantes 8/5 US$)*, hogar espiritual de todos los "*hipsters* con cabeza de ángel que anhelan la antigua conexión celestial" (por citar *Aullido* de Ginsberg). Entre los más de 1000 objetos de la colección de recuerdos literarios del museo hay atrasados homenajes a Diane di Prima y otras mujeres *beat*, y el escritorio del fundador de City Lights (p. 92) y poeta laureado Lawrence Ferlinghetti. Se entra al museo por la tienda contigua, repleta de poemarios y títulos *beat* que no hay en otros sitios; la entrada a la librería y las lecturas de poesía son gratis.

Subida por las escaleras de Telegraph Hill

CAMINATAS URBANAS

En el s. XIX un empresario despiadado comenzó a volar la ladera de Telegraph Hill. Al final el Ayuntamiento detuvo la demolición, pero la vista de la bahía desde los **Filbert Street Steps** (PLANO: 15 P. 88 **F3**) sigue siendo la bomba.

A mitad de la empinada subida a la Coit Tower, uno se pregunta si vale la pena. Hay que respirar hondo y contemplar las vistas del Puente de la Bahía, las casitas escondidas junto al paseo marítimo de madera de Napier Lane y las esculturas y jardines que florecen todo el año. Los loros de cabeza roja también llaman la atención.

Para más vistas, el sendero de **Francisco Street Steps** (PLANO: 16 P. 88 **D1**) asciende al Jack Early Park, con asientos con vistas para dos; es un lugar popular para propuestas de matrimonio. Si se sube más, se ve la Bahía, y luego se baja por Grant Ave a tomar *pizza*.

SUGERENCIAS

Lo mejor para...

Localizaciones en el plano de la p. 88

$ Económico $$ Medio $$$ Alto

Comer

'Dim sum' clásico

Good Mong Kok $
17 D6
Los comensales esperan en el mostrador más concurrido de Chinatown, donde los *dumplings* de gambas, el *siu mai* de cerdo y otros clásicos se sirven de vaporeras en recipientes para llevar. *7.00-18.00*

Hang Ah Tea Room $
18 D7
El *dim sum* original de Chinatown, con menús centenarios: clásicos como los especiados *purse dumplings*, esponjosos bollos de cerdo y un *bao de* natillas de huevo milenario. *10.30-20.00*

Dim Sum Bistro $
19 D5
Las fotos poco convincentes y los precios bajos no restan a la comida para llevar de alta calidad: *dumplings* de gambas y cebollino o bolitas de sésamo tostadas. *8.00-15.00*

Today Food $
20 E7
Dominan el *dumpling*: estiran la masa hasta que queda translúcida, repleta de verdura, gambas y pollo ecológico, picado y frito en sartén o al vapor con soja añeja, vinagre y guindilla. *8.00-20.00*

Festines chinos modernos

Mister Jiu's $$$
21 E7
Banquetes chinos californianos del chef Brandon Jew, de fama mundial: cordero de la costa con salsa de ciruelas, o pan de leche con cebolleta y caviar sostenible. *17.00-21.00 ma y mi, hasta 22.00 ju-sa*

Z & Y $$
22 E6
Festines picantes y suntuosos: albóndigas de cerdo de Sichuan y pescado escalfado en aceite de guindilla. *11.30-15.00 y 16.30-21.00 mi-do*

Osmanthus Dim Sum Lounge $$
23 E5
Este *gourmet* que rompe las reglas pone salsa de brandi sobre judías verdes salteadas, o envuelve con espinacas *dumplings* de *shiitake*. *10.30-20.00*

China Live $$
24 D5
El chef George Chen ofrece platos chinos con un toque californiano: *dumplings* de sopa de cerdo Kurobota, pato a la pequinesa glaseado con *kumquat*, té y cócteles de primera. *16.00-21.00 do*

Four Kings $$$
25 E7
Ingeniosas versiones de platos cantoneses. Destacan los espaguetis *ma-po* con pimienta de Sichuan. Se reserva 29 días antes. *18.00-23.00 ma-sa*

'Pizza' y 'focaccia'

Liguria Bakery $
26 D3
Desde las 8.00 hay *focaccia* con canela y pasas caliente recién salida de un horno centenario. Solo para llevar. *7.00-12.00 ma-sa*

Outta Sight Pizza 2 $
27 F7
North Beach y Chinatown convergen aquí: *pizza* de pato a la pekinesa, con cebolla caramelizada y un

toque de *hoisin*. *11.00-20.00 lu-vi, 12.00-17.00 sa y do*

Tony's Pizza Napoletana $$

28 D3

El campeón mundial de la *pizza* Tony Gemignani ofrece auténticas *Jersey tomato pies*. *12.00-21.30 lu-ju, hasta 23.00 vi-do*

Golden Boy $

29 D4

Los punks hacen cola desde 1978 por la *pizza* con masa de *focaccia* de Sodini's; hay que probar las porciones de almejas y ajo. Solo para llevar. *11.30-21.00 do-ju, hasta 23.00 vi y sa*

Tommaso's $$

30 E5

En North Beach desde 1935, ofrece *pizza* napolitana al horno de leña, reservados acogedores y mesas comunes. *17.00-22.30 ma-sa, 16.00-21.30 do*

Marisco de North Beach

Sotto Mare $$

31 D4

Sirve un *cioppino* de marisco tan fresco que parece nadar en el sustancioso caldo de tomate. *11.30-21.00*

Ristorante Ideale $$

32 D4

El chef romano Maurizio Bruschi hace pasta a mano, prepara la pesca del día de forma sencilla y selecciona vinos italianos de primera. *17.00-22.00 ma-do*

Cafe Jacqueline $$

33 D3

No hay cena más romántica que suflé de marisco flotando en la lengua como la niebla sobre SF... hasta que se pide el suflé de chocolate. *17.30-22.00 ma-sa*

Da Flora $$

34 C3

Osteria iluminada con velas donde disfrutar de menús con productos frescos de la chef Jen McMahon: fletán del Pacífico a la plancha con mantequilla o escalfado en *risotto* de azafrán. *17.00-21.00 mi-sa*

'Panini'

Molinari $

35 D4

Se toma un número y se canta junto a Sinatra mientras el ingenioso personal prepara enormes *panini*; se recomienda el salami curado en casa. *9.00-17.30 lu-vi, hasta 21.00 sa, 11.00-15.30 do*

Palermo II Delicatessen $

36 D4

Lucrezia es la jefa de delicatesen siciliana de segunda generación que está detrás de los *panini* con temática de *El padrino*, los crujientes *arancini* (bolas de *risotto*), y la *parmigiana* de berenjena con su *marinara* de receta secreta. *10.00-17.00 ma-do*

Mario's Bohemian Cigar Store Cafe $

37 D4

Desde la década de 1970, Mario's ofrece *panini* bien calientes: se puede disfrutar de una *focaccia* de cebolla con albóndigas, berenjenas o pollo a la parrilla y Chianti. *11.00-21.00*

Beber

Té

Red Blossom Tea Company

38 E6

Los comerciantes de té de segunda generación, Alice y Peter Luong, presentan más de 100 tés en su sala de muestras, donde el personal aconseja cómo preparar el té. *11.00-17.00 mi-sa*

PlenTea

39 F8

Los amantes del té llenan minibotellas de leche con té de burbujas ecológico certificado recién preparado, té verde o negro clásico, frutas de temporada, o sabores originales de SF como el *oolong* de crema de sal marina. *11.00-23.00*

Ten Ren Tea

40 E6

Una institución de Chinatown desde 1953, con tés especiales, sabores de té helado de frutas como *kumquat* y limón, y el clásico té King's Oolong de burbujas con leche. *10.30-18.00*

Bares icónicos

Li Po

41 E6

Se entra por la puerta de 1937 que imita una gruta, para disfrutar de un *mai tai* chino de *baijiu* (licor de arroz) bajo el Buda dorado. Bármanes bruscos, baños en la bodega, concursos de baile improvisado: un antro de primera. *14.00-1.30*

Buddha Lounge

42 E6

El letrero *vintage* de neón rojo de Buda promete noches con una ecléctica gramola, bebidas baratas de garrafón y cerveza de una botella con un Buda risueño. *13.00-2.00*

Empress at Boon Lounge

43 E6

El monumento de 1966 de Chinatown está coronado por este salón octogonal, que ofrece cócteles innovadores y bocados cantoneses del chef Ho Chee Boon. *17.00-22.00 lu-sa*

Specs

44 E5

Las paredes están cubiertas de recuerdos de la marina mercante; y uno sale bebido si intenta seguir el ritmo a estos personajes con jarras de cerveza y fuertes bebidas de ginebra. *16.00-2.00*

Cócteles históricos

Vesuvio

45 E5

El cóctel literario y legendario di Prima (centeno/Aperol/bíteres) recuerda la máxima de la poeta Diane di Prima: "para recordarnos a todos/que celebremos/que no hay tiempo demasiado desesperado/ni estación que no sea una Estación de Canciones". *11.00-1.00 do-ju, hasta 2.00 vi y sa*

Comstock Saloon

46 E5

Martinez, el precursor del martini de SF, se inventó para calmar a los borrachos victorianos del Bay Ferry: sabe a ginebra, vermú, bíter, licor de marrasquino y desenfreno. *16.00-24.00 ma-sa*

Tony Nik's

47 D4

North Beach celebró el fin de la Ley Seca en 1933 en este pequeño bar *art déco* con un martini que sabe salado y con un toque a encurtido. *16.00-1.00 lu-vi, 14.00-2.00 sa, 14.00-1.00 do*

Tosca Cafe

48 E5

Tosca sirvió su "capuchino" (chocolate caliente con brandi) durante toda la Ley Seca, y aún se pide su especialidad con comillas. *17.00-23.00 ma-sa*

Devil's Acre

49 E5

Este local estilo botica victoriana sirve un Lavender 75 (limón, lavanda, ginebra y espumoso) que es una cura infalible para el escorbuto y/o la sobriedad. *16.30-1.00 ma-sa, 14.00-20.00 do*

Vino

Friend of a Friend

50 C3

El agricultor y enólogo Christopher Renfro sirve hallazgos raros de bodegas independientes, incluido su propio Teroldego cultivado en SF. *12.00-19.00 mi-do*

Golden Sardine

51 D4

Lecturas de poesía *beat*, catas de enólogos y una creatividad que fluye libremente entre sardinas y queso. *16.00-22.00 ma-vi, 14.00-23.00 sa, 14.00-21.00 do*

Little Vine

52 D3

La quesera Melissa Gugni aconseja qué vino de California combinar con queso artesanal y charcutería o el *panini* del día; hay catas con enólogos los jueves (5 US$). *11.00-19.00 ma-do*

Belle Cora

53 D4

La terraza de este café es una fiesta con asequibles vinos italianos y animada música en vivo, del *ragtime* de Parlor Tricks a Salsita Brass de Danny Herrera. *15.00-24.00 do-ju, hasta 2.00 vi, 13.00-2.00 sa*

'Espressos'

Caffe Trieste

54 D4

El *espresso* alimenta la conversación entre artistas, escritores y cineastas. Se desaconsejan los teléfonos, la comida es irrelevante; solo efectivo. *7.00-22.00*

Cafe Angolo

55 D4

Para relajarse con un *espresso* en las soleadas mesas de bistró; es todo un centro social de North Beach. *8.00-17.00*

Réveille

56 E5

Soleado escaparate en forma de plancha; ofrece capuchino con corazón en la espuma y galletas con chispitas de chocolate. *7.30-16.00*

Comprar

Recuerdos no turísticos

Wok Shop

57 E7

Hay que equiparse para preparar comidas de cinco estrellas con el consejo de la bromista dueña e icono de SF Tane Chan, que vende *woks* desde la década de 1960. *11.00-17.00*

On Waverly

58 E6

Deliciosos recordatorios de Chinatown diseñados aquí: juegos de jabones con fichas de *mah jongg*, peluches de *dim sum*, risografías del cartel de neón de Chinatown, y libros sobre cultura asiático-estadounidense. *11.00-18.00*

Chinatown Kite Shop

59 E7

Desde 1971 elabora coloridas cometas: dragones voladores de 2,7 m de largo, loros salvajes dignos de piratas (y aves urbanas de SF) y pandas voladores. *10.00-19.00 lu-vi, hasta 21.00 sa y do*

Kim + Ono

60 E7

Las diseñadoras Renee y Tiffany Tam, dos hermanas de Chinatown, están recuperando la bata de seda, en suaves tonos de satén y *charmeuse* de seda, salpicados de vistosas flores y algún pavo real. *11.00-18.00 lu-ju, 10.30-18.30 vi-do*

Tesoros 'vintage'

Vacation

61 D3

Para personalizar el estilo rockero de SF con plataformas metálicas de *glam rock*, camisetas de conciertos punk bien conservadas, vaqueros *deadstock* de color menta, vestidos psicodélicos y bolsos victorianos con borlas. *12.00-20.00*

San Francisco Rock Posters & Collectibles

62 C3

En este templo de los dioses del *rock*, hay carteles psicodélicos y caros de conciertos de Fillmore con Grateful Dead, además de folletos impresos a mano de leyendas de SF como Santana, los Avengers y Sly and the Family Stone. *11.00-18.00 lu-sa*

101 Music

63 D4

Cajas de vinilos de 10 a 30 US$ donde cada uno encuentra su himno de SF: grabaciones raras de Nina Simone, Janis Joplin, Alice Coltrane o los Dead Kennedys. *11.00-19.00*

Sugerencias de lugares para comer, beber y comprar en **p. 116**

Por Alison Bing

Explora
Japantown, Fillmore y Pacific Heights

Más allá de las casas victorianas y las *boutiques* de lujo, este barrio es una pasada. Los estadounidenses de origen japonés viven aquí desde hace más de un siglo, y hoy en Japantown las estrellas del J-pop y TikTokkers graban vídeos musicales en Peace Plaza. El Fillmore ha sido un centro de vida nocturno desde la década de 1930 y aún se forjan aquí leyendas de la música en vivo. Hilltop Pacific Heights está rodeado de mansiones. Aquí han habido mujeres poderosas, como la modelo de desnudos convertida en fundadora de museos Alma Spreckles, la multimillonaria negra del s. XIX y pionera del ferrocarril subterráneo Mary Ellen Pleasant, y la antigua presidente de la Cámara de Representantes de EE UU Nancy Pelosi.

Cómo desplazarse

Autobús
El bus n° 38 de Geary lleva del Downtown a Geary y Fillmore. Las líneas 1, 2 y 22 también cubren esta zona.

Funicular
Se toma la línea de California al oeste de Market St a Van Ness Ave, y luego se camina hasta Pacific Heights o Japantown.

A pie
Desde Van Ness, se camina por Sacramento St, con casas victorianas, y se mira escaparates hacia el sur por Fillmore. En Post St, se gira al este para llegar al Japan Center, o al oeste hasta Pierce St, y luego al sur hasta Alamo Sq.

Pagoda de la Paz (p. 114).
UVL/SHUTTERSTOCK

★

LO MEJOR

CASAS VICTORIANAS
Alamo Sq Park (p. 109)

PARA TODAS LAS EDADES
Japan Center (p. 108)

LEYENDA DEL 'ROCK'
Fillmore Auditorium (p. 112)

TALLERES DE ARTES
JCCCNC (p. 114)

'SPA'
Kabuki Springs & Spa (p. 112)

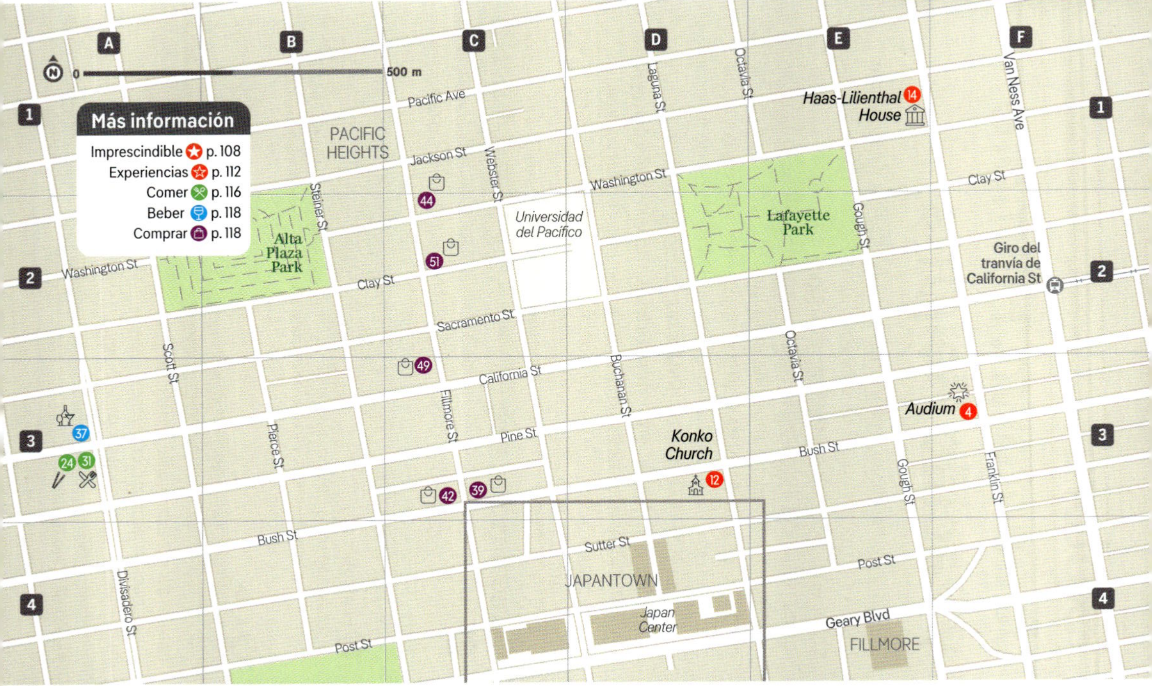
Más información
Imprescindible p. 108
Experiencias p. 112
Comer p. 116
Beber p. 118
Comprar p. 118
0
500 m
A
B
C
D
E
F
1
2
3
4
PACIFIC HEIGHTS
Pacific Ave
Jackson St
Washington St
Clay St
Sacramento St
California St
Pine St
Bush St
Sutter St
Post St
Geary Blvd
Divisadero St
Scott St
Pierce St
Steiner St
Fillmore St
Webster St
Buchanan St
Laguna St
Octavia St
Gough St
Franklin St
Van Ness Ave
Alta Plaza Park
Universidad del Pacífico
Lafayette Park
Haas-Lilienthal House
Giro del tranvía de California St
Audium
Konko Church
JAPANTOWN
Japan Center
FILLMORE
14
4
12
37
24
31
44
51
49
42
39

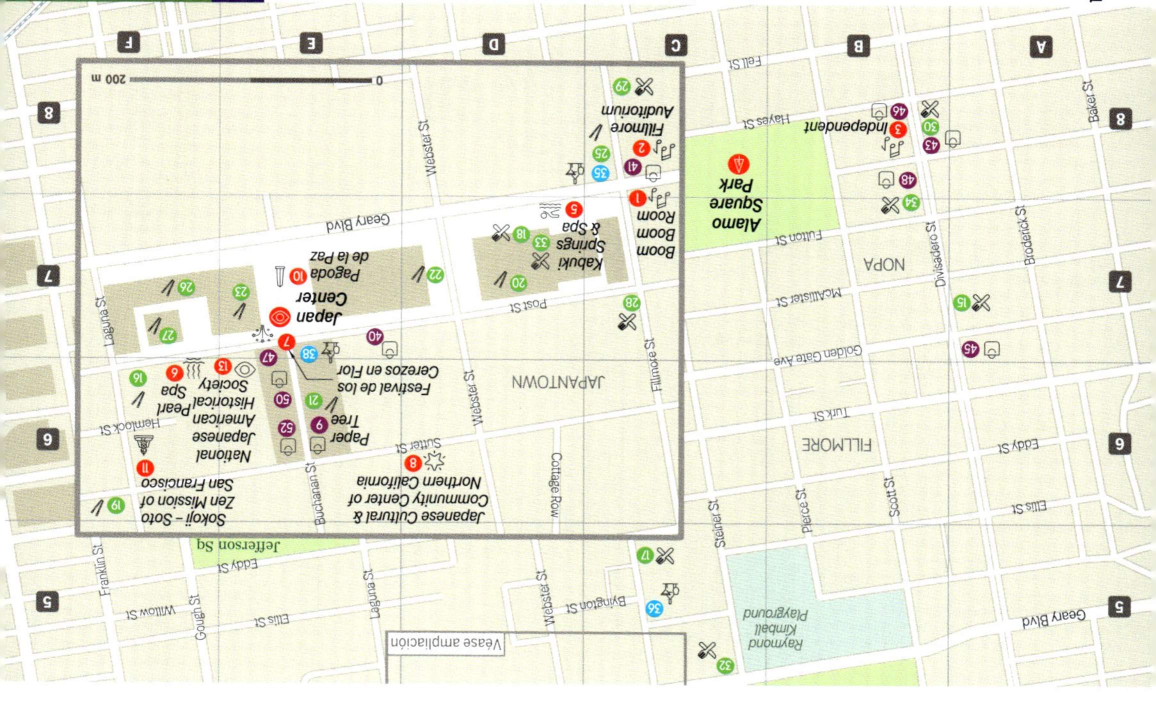
Japanese Cultural & Community Center of Northern California
Sokoji – Soto Zen Mission of San Francisco
National Japanese American Historical Society
Pearl Spa
Paper Tree
Festival de los Cerezos en Flor
Japan Center
Pagoda de la Paz
Kabuki Springs & Spa
Boom Boom Room
Fillmore Auditorium
Alamo Square Park
Independent
JAPANTOWN
FILLMORE
NOPA
Raymond Kimball Playground
Jefferson Sq
Véase ampliación
Franklin St
Gough St
Laguna St
Webster St
Buchanan St
Hemlock St
Sutter St
Post St
Geary Blvd
Cottage Row
Fillmore St
Byington St
Steiner St
Pierce St
Scott St
Divisadero St
Broderick St
Baker St
Willow St
Ellis St
Eddy St
Turk St
Golden Gate Ave
McAllister St
Fulton St
Hayes St
Fell St
0
200 m

★ IMPRESCINDIBLE

Japan Center

Cruzar los puentes interiores de madera del Japan Center es un viaje a 1968, con *maneki-neko* (gatos de la suerte), aunque este centro comercial tan *kawaii* (adorable) comenzó con una pelea a muerte. Tras la II Guerra Mundial, 1500 residentes de Japantown fueron desplazados para construir un centro comercial. Pero residentes y negocios lo convirtieron en un centro comunitario.

PLANO P. 106 **E7**

CONSEJO
El **West Mall** tiene *boutiques*, recreativos y dulces. Frente a Peace Plaza, el **East Mall** ofrece cenas románticas y eventos culturales.

Del manga al 'ukiyo-e'

Las tardes pasan volando en **Kinokuniya Books**, entre libros de arte (del fotógrafo Daido Moriyama), libros de cocina (fiambreras *bento*) y juguetes (sonrientes peluches de *sushi*), cómics de manga y revistas de moda urbana de Tokio. Al otro lado del pasillo, el material escolar y de oficina de Kinokuniya promete hacer que el trabajo y el estudio sean más divertidos. En el puente peatonal interior del Japan Center está **Tokaido Arts** *(tokaidoarts.com; gratis)*, con una colección de *ukiyo-e* (xilografías) originales en perfecto estado, incluidas vistas sublimes del monte Fuji de Hokusai, aún coloridas más de 200 años después.

Ocio para todas las edades

Gatitos vampiros y personajes de *Alicia en el país de las maravillas* deambulan ocasionalmente por los pasillos del Japan Center, y hacen fila para entrar en fotomatones de **anime** y recreativos. Los disfraces de *cosplay* pueden indicar un festival, un evento de *anime*, un mercado de arte temporal, o un típico sábado en el Japan Center. Del salón de karaoke **Festa** *(festalounge.com; mayores de 21 años)* llegan melodías familiares, donde también se puede rockear en el escenario en miniatura por 2 US$ por canción, más los cócteles de *shochu* con *yuzu*.

Escanea este código QR para eventos, planos, direcciones y estacionamiento.

★ IMPRESCINDIBLE

Alamo Square Park

Las victorianas *Painted Ladies* de Alamo Sq han albergado burdeles, bares clandestinos de *jazz* y comunas *hippies,* como Postcard Row en el este y Westerfield House en la esquina noroeste. Los terremotos y los incendios no destruyeron las casas victorianas de Alamo Sq, pero la remodelación casi lo hizo, hasta que los vecinos salvaron este distrito histórico.

Las 'Painted Ladies'

PLANO P. 106 **C8**

Cuando los buscadores de oro se enriquecieron construyeron las casas victorianas *Painted Ladies* que rodean Alamo Sq Park. Al estar construidas sobre roca, muchas sobrevivieron al terremoto de 1906, hasta que los promotores inmobiliarios de la década de 1950 intentaron demoler este barrio para construir rascacielos. Unos 38 bloques de asequibles casas victorianas y pequeños negocios fueron destruidos antes de que las protestas públicas lo impidieran. Hoy se ven de 6 a 10 nuevas combinaciones de colores inspiradas en el Movimiento Colorista de SF de la década de 1970, cuando muchas *Painted Ladies* se restauraron.

CONSEJO
Sentarse un día soleado a una mesa de pícnic en lo alto de una colina enmarcada por tejados victorianos a dos aguas y pinos esculpidos por el viento.

Westerfeld House

En la esquina noroeste de Alamo Sq está la Westerfield House, una casa victoriana de estilo Stick italianizante y dorada con una torre de vigilancia fantasmal. Con 28 habitaciones, fue construida por el magnate de los dulces William Westerfeld en 1889, y sobrevivió a reformas posteriores como bar clandestino de *jazz* y la legendaria comuna de 50 *hippies* descrita en la psicodélica crónica de Tom Wolfe *Gaseosa de ácido eléctrico.* El cineasta Kenneth Anger filmó rituales satánicos en la torre con Anton LaVey, fundador de la Iglesia de Satán, en los que hicieron que un león subiera cuatro tramos de escaleras.

Escanear este código QR para información y eventos del parque.

PASEO A PIE

Un paseo victoriano

Todo sanfranciscano tiene su casa victoriana favorita, y el viajero también encontrará la suya entre las hileras de apartamentos históricos y opulentas mansiones que rodean el Alamo Sq Park. Las *Painted Ladies* victorianas multicolores ofrecen fotos irresistibles, pero hay que respetar la intimidad de los residentes.

INICIO	FINAL	DURACIÓN
Westerfield House	Madrone Art Bar	1,61 km; 1 h

1 Westerfield House

Esta mansión victoriana de 1889 (p. 109) sobrevivió a fiestas de contrabandistas rusos, colectivos de *jazz* y a la comuna *hippie* Family Dog que acogía a Janis Joplin y a los Grateful Dead, e imprimía carteles y folletos psicodélicos de sus conciertos. Hoy ha sido restaurada por Jim Siegel, antiguo adolescente fugitivo de Haight convertido en diseñador de ropa *steampunk* para Burning Man.

2 Bliss Flats

Muchas casas históricas de SF no se construyeron como mansiones sino como pisos asequibles, incluida la de **1347 McAllister,** un edificio *art nouveau* de 1901 construido para Annie Bliss y su marido, el sastre checo Charles. Su negocio consistía en coser uniformes para los soldados de Presidio, pero el arquitecto autodidacta James Francis Dunn les construyó un opulento apartamento de estilo parisino, con máscaras de Mercurio sobre balcones de palco de ópera y figuras aladas que sostenían ventanas ovaladas en el salón de baile del ático.

3 Chateau Tivoli

Fuente de chismes del barrio desde 1892, esta barroca *Painted Lady* estilo Reina Ana acogió a Isadora Duncan, a Mark Twain y, según se rumorea, al fantasma de una diva de ópera victoriana. Desde que Ernestine Kraling, dueña de la Ópera de SF, dejó el **Chateau Tivoli** en 1930, ha sido escuela yidis, comuna *hippie* y centro *new age*. Ahora es un B&B restaurado, con adornos de pan de oro de 23 quilates.

4 Postcard Row

Las *Painted Ladies* de la famosa **Postcard Row** se han ido suavizando para adaptarlas al gusto moderno. Pero con el resurgimiento del Movimiento Colorista de la década de 1970, las paletas multicolor están regresando a Alamo Sq, incluida la casa de 896 Steiner, donde los pisos Stick victorianos de 1890 están pintados de morado con tonos rojo y verde azulado.

5 Alamo Square Park

Desde lo alto del **Alamo Square Park** (p. 109) se ve el Downtown rodeado de tejados victorianos. En el parque infantil de la colina se ve a los niños subir y deslizarse por las casitas de juegos estilo Postcard Row: la época victoriana se aprecia desde corta edad en SF.

6 Madrone Art Bar

En el salón victoriano de 1888 del **Madrone Art Bar** se brinda por la excentricidad imperecedera de SF con un Madroni de autor (ginebra, Campari y Carpano). Rápidamente uno se integra en el ambiente local, entre murales de artistas e instalaciones multimedia. Hay música en vivo y fiestas de baile.

EXPERIENCIAS

Ver leyendas de la música en el Fillmore

MÚSICA EN DIRECTO

Las leyendas de la música siguen animando los locales del barrio: *blues* de los años treinta, *jazz* de los cincuenta, *rock* de los sesenta, punk de los setenta, *hip hop* de los noventa y cabezas de cartel actuales. **Boom Boom Room** (PLANO: 1 P. 106 **C8**; *boomboomroom.com*) llena su viejo suelo de R&B y *funk*. Las colas a lo largo de la calle anuncian la hora del concierto en el **Fillmore Auditorium** (PLANO: 2 P. 106 **C8**; *thefillmore.com*), donde actuaron Jimi Hendrix, Janis Joplin, Aretha Franklin y los Grateful Dead, con carteles psicodélicos la década de 1960 que lo prueban; aún se reparten pósteres gratuitos después de que se agoten las entradas. El pequeño pero poderoso **Independent** (PLANO: 3 P. 106 **B8**; *theindependentsf.com*) da derecho a presumir, con artistas *indies* de ensueño (Magnetic Fields, Death Cab for Cutie), leyendas de la música (George Clinton, Metallica) y estrellas alternativas (Superchunk, Tokimonsta). Se puede disfrutar del ambiente en **Audium** (PLANO: 4 P. 106 **F3**; *audium.org; adultos/estudiantes 30/20 US$*), un monumento sonoro de 1967 que ofrece "composiciones de cámara" meditativas de 90 min.

Relajarse en los 'spas' de Japantown

'SPA'

En **Kabuki Springs & Spa** (PLANO: 5 P. 106 **D7**), los baños comunitarios de Japantown, ofrecen exfoliación con sal en la sala de vapor, baño en la piscina caliente, baño frío, sauna y aclarado. Hombres y mujeres van en días alternos (tanto cis como trans), y hace falta bañador los lunes y martes. La entrada al baño cuesta 49 US$, y hay **masaje de 'shiatsu'** *(desde 135 US$)*. Para una piel resplandeciente, el coreano **Pearl Spa** (PLANO: 6 P. 106 **F6**), es solo para mujeres y sin ropa; se puede disfrutar en la sauna de cedro, el

---

CARTELES DE FILLMORE

Cuando empezó el ambiente *hippie* de SF, el Fillmore Auditorium lanzó a grupos que marcaron una época, como Sly and the Family Stone, Jefferson Airplane y los Grateful Dead, que tocaron en el Fillmore 51 veces de 1965 a 1969. Artistas psicodélicos como Wes Wilson, Bonnie MacLean, Stanley "Mouse" Miller y Victor Moscoso serigrafiaron carteles promocionales en colores fluorescentes y tipografías tan psicodélicas, que era casi imposible leerlas. Pronto, todas las estrellas del *rock* querían tener su nombre ilegible en un cartel de Fillmore. Hoy los pasillos y bares del Fillmore están llenos de carteles icónicos, mientras que artistas como Snoop Dogg o Green Day actúan en la íntima sala.

NIHONMACHI, AYER Y HOY

Nihonmachi (Japantown) surgió en la década de 1880, al asentarse en Cottage Row unos granjeros estadounidenses de origen japonés. Los constructores aplicaron el elegante estilo de Pacific Heights, y atrajeron a Japantown a filipinos, judíos y negros de clase media. Pero la II Guerra Mundial lo cambió todo. En 1942 el presidente Franklin D Roosevelt emitió la Orden Ejecutiva 9066, que encarcelaba a los estadounidenses japoneses en campos de concentración como "extranjeros enemigos". Mientras, miles de trabajadores negros se asentaron en las zonas de las que se había expulsado la gente de origen japonés. Tras la contienda, muchos estadounidenses de origen japonés volvieron, pero descubrieron que los especuladores inmobiliarios querían 60 manzanas de Japantown y alrededores. La posterior lucha para exigir viviendas justas desencadenó el movimiento por los Derechos Civiles de SF.

jacuzzi, la piscina fría, la de bolas de arcilla caliente y la sala de sal rosa del Himalaya. Tratamientos solo con cita previa, incluidos **masajes con algas** *(200 US$, 90 min).*

Festividades de Japantown

FESTIVALES

La primavera comienza oficialmente en SF cuando los desfiles y tambores *taiko* le dan la bienvenida en el **Festival de los Cerezos en Flor** (PLANO: 7 P. 106 E7), el mayor acontecimiento de Japantown. Durante 50 años, la **Nihonmachi Street Fair** *(nihonmachistreetfair.org)* ha celebrado la resistencia de Japantown y su herencia multicultural japonesa, del Pacífico y hawaiana. Otras ciudades celebran el Día de Japón, pero en SF es la **Semana de Japón** *(japanweeksf.com),* repleta de acontecimientos culturales y festividades. Entre los principales festivales, **GenRyu Arts** *(genryuarts.org)* organiza programas de arte para celebrar el Hina Matsuri (Día de las Niñas), el Keiro no Hi (Respeto por los Ancianos) y el Midori no Hi (Día de la Vegetación).

Recorrido a pie sin guía por Japantown

PASEO

"¿Qué pasó aquí?" pregunta un intrigante cartel en la Plaza de la Pagoda de la Paz, en la pared exterior del Japan Center (p. 108). Este cartel marca el inicio de un recorrido por libre de 10 manzanas, el **Japantown History Walk** *(jcccnc.org/community/cultural-preservation/jhw; gratis),* que sigue los pasos de los pioneros de Japantown. Por el camino, se descubre cómo EE UU encarceló a sus ciudadanos de origen japonés durante la II Guerra Mundial, y cómo los líderes de Japantown lucharon contra esta violación de los derechos civiles (obtuvieron una disculpa oficial en 1988). Se puede tomar una foto de este cartel para tener el plano de referencia y una cronología de 150 años de la historia de Japantown, y luego seguir los carteles para explorar los orígenes del *sushi* de San Francisco, el béisbol japonés, los movimientos de los derechos civiles y la música psicodélica.

Aprender nuevas destrezas en Japantown CENTRO CULTURAL

El **Japanese Cultural & Community Center of Northern California** (JCCCNC; PLANO: 8 P. 106 D6) ofrece talleres asequibles con aclamados artesanos, chefs, artistas e intérpretes. Se obtiene experiencia con cocina *kaiseki*, arreglos florales ikebana, *washi ningyo* (muñecas de papel), *doburoku* (sake casero) y artesanía en madera de cajas *bento magawappa*. Consultar el calendario para los eventos, como los talleres de danza y tambor *taiko* de **GenRyu Arts** *(genryuarts.org)*. Muy cerca está, desde 1968, **Paper Tree** (PLANO: 9 P. 106 E6; *paper-tree.com*), el emporio de artesanías de papel que exhibe asombrosas creaciones de origami: vestidos tipo capullo, ranas minúsculas y vastos arrecifes de coral hechos solo de papel. Los principiantes pueden doblar su propia Estrella de la Muerte con kits de *La guerra de las galaxias*, mientras los profesionales del *decoupage* se vuelven creativos con papel *washi* hecho a mano.

Meditar en Japantown CENTRO DE MEDITACIÓN

La **Pagoda de la Paz** de Yoshiro Taniguchi (PLANO: 10 P. 106 E7) es un monumento modernista donado por la ciudad de Osaka a SF en 1968. Hay bancos de piedra en la renovada Peace Plaza, y la estupa de hormigón se convierte en el centro de un despliegue de vida: cerezos en flor, niños que persiguen gaviotas, *tiktokers* con su móvil. Para ir a un rincón más apartado a meditar, hay que desviarse a Cottage Row, cuyas antiguas casitas de madera de Nihonmachi, de 1860-1870, bordean un miniparque.

Dos de los centros espirituales más antiguos de Japantown abren sus puertas para la práctica de la meditación. Fundada en 1934, **Sokoji – Soto Zen Mission of San Francisco** (PLANO: 11 P. 106 F6; *sokoji.org*) ofrece una meditación sentada *zazen* los miércoles por la tarde; el reverendo Kurotaki da útiles presentaciones a los nuevos. La **Konko Church** (PLANO: 12 P. 106 D3; *konkofaith.org*) acoge a personas de todas las religiones desde 1931. Entre semana, la reverenda Joanne Tolosa responde a preguntas sobre espiritualidad y las creencias de Konko, inspiradas en el sintoísmo.

Profundizar en la historia japonesa-estadounidense CENTRO DE HISTORIA

PLANO: 13 P. 106 E6

La **National Japanese American Historical Society** (NJAHS) muestra los acontecimientos históricos que se desarrollaron aquí a lo largo de ocho generaciones con fascinantes exposiciones en la **Galería de la Paz** que abarcan partidos de béisbol maratónicos, arte en campos de concentración en el desierto y origami para promover la paz mundial. También organiza **recorridos a pie por Japantown** guiados por docentes *(adultos/estudiantes 20/15 US$ con reserva; 10.00-17.00 lu-vi)* y visitas al **Military Intelligence Service Historic Learning Center** (p. 49; *20 US$ con reserva; 10.00-17.00 mi-vi*) de Presidio, donde se entrenó a soldados japoneses-estadounidenses para misiones de alto secreto en la II Guerra Mundial.

Subir a Pacific Heights Hilltops LUGARES HISTÓRICOS

Para ver la ciudad desde arriba y cómo vive la clase acomodada de SF, hay que visitar Pacific Heights. Se puede ir al **Alta Plaza Park** a disfrutar de pícnics en lo alto de la colina.

En el **Lafayette Park**, en lo alto de otra colina, no faltan las grandes mansiones. En la esquina noreste del parque se encuentra una imponente mansión victoriana: la **Haas-Lilienthal House** (PLANO: 14 P. 106 E1; *haas-lilienthalhouse.org; visita de 1 h/10 US$*), estilo Reina Ana, de 1886. Unos guías acompañan de la sala de estar al salón de baile como si uno fuera un invitado de honor de la prominente familia Haas, y luego muestran cómo mantenía a flote la casa el personal. Consultar la web para los próximos bailes victorianos de gala y los recorridos espeluznantes por las casas embrujadas.

CASAS VICTORIANAS DESTRUIDAS

Hoy no hay casas victorianas en torno a Geary Blvd debido a las políticas de reurbanización de la década de 1950 dirigidas a las comunidades negras y morenas. Al declarar este barrio multiétnico, interreligioso, y de clase media un "deterioro urbano", los promotores inmobiliarios demolieron 38 manzanas de apartamentos victorianos y negocios familiares para construir rascacielos. Con las bolas de demolición balanceándose alrededor de Alamo Sq (p. 109), vecinos estadounidenses de origen japonés, filipinos, latinos, negros y blancos se unieron para detener tal destrucción. En las aceras de Fillmore St, los ladrillos marcan los lugares donde vivieron y trabajaron personalidades, desde grandes del *jazz* a líderes del movimiento pro derechos civiles. Hoy, este barrio sigue siendo un mosaico de arquitectura ecléctica, pequeños negocios resilientes y espacios culturales.

SUGERENCIAS

Lo mejor para...

$ Económico $$ Medio $$$ Alto

Localizaciones en el plano de la **p. 106**

Comer

Comida hogareña intercultural

Brenda's Meat & Three $
15 A7
Solo los súperheroes terminan las gambas con polenta de la chef Brenda Buenviaje, y no digamos las esponjosas galletas. *8.00-21.00*

Daeho Kalbijjim $$
16 F6
Fuentes chisporroteantes de ternera *kalbijjim* con queso y asada al fuego junto a la mesa. *11.00-14.30 y 16.30-21.00 lu-vi, 10.30-21.00 sa y do*

Minnie Bell's Soul Movement $
17 C5
Se puede disfrutar de una bebida espumosa con el pollo frito infusionado con romero y los macarrones con queso de la chef Fernay McPherson. *16.00-21.00 ma-ju, 11.00-14.00 y 16.00-22.00 vi y sa*

Yakitori Edomasa $
18 D7
Prepara desde 1924 brochetas de *yakitori* a demanda, de muslos de pollo llenos de sabor o filete de falda *harami* a setas *shiitake*. *11.00-14.30 y 17.00-21.30 ma-do*

Fideos

Sobakatsu $
19 F6
Pocos asientos, sin reservas ni comida para llevar, solo sabrosos fideos *soba* ecológicos hechos a mano. Es mejor ir a las 14.00 para evitar colas. *12.00-19.00*

Marufuku Ramen $
20 D7
Ninguna tecnología de Silicon Valley entusiasma tanto a los *geeks* como los *ramen* de Marufuku: caldo *tonkotsu* cocinado 20 h, fideos ultrafinos cortados a mano y cremoso huevo condimentado. *11.00-22.00*

Hinodeya Ramen Bar $
21 E6
Desde 1885 sirve caldo *dashi* con *ramen*, cerdo *Kurobuta*, ajo negro y huevos confitados. *10.00-22.00 do-ju, hasta 24.00 vi y sa*

On the Bridge $
22 D7
Los horizontes gastronómicos se amplían desde 1979 con las especialidades de la familia Nakamura: curri casero, cervezas japonesas y espaguetis *mentaiko* con huevas de bacalao curadas. *12.30-20.00*

'Sushi'

Sasa $$$
23 E7
Aquí se disfruta de *kaiseki* o se pide *nigiri* de *kampachi* envueltos con mimo y cremosos rollitos de vieira y salmón. *17.30-21.00 lu, 12.00-14.00 y 17.30-21.00 ma-do*

Tataki $$

24 A3

El marisco sostenible y satinado cortado con precisión atrae a los expertos en *sushi*. *16.30-20.30*

Aji Kiji $$

25 C8

Para impresionar a las citas en un pícnic, reservar la *bento* tipo joyero de Aji: *sashimi, nigiri* y *maki* meticulosamente presentados, con un recipiente en forma de pez lleno de salsa de soja. *11.00-16.00 ma-sa*

An Japanese Restaurant $$$

26 F7

Para entrar a este local clandestino de *sushi*, que sirve *omakase* de ocho platos *(135 US$)* o marisco del Pacífico a la carta a 20 afortunados comensales se reserva por SMS. *17.30-21.30 ma-sa*

Platos compartidos dignos de una cita

Nari $$

27 F7

Los brillantes sabores y texturas hacen que los platos tailandeses-californianos de la chef Pim Techamuanvivit sean como espectáculos de Fillmore, sobre todo las especialidades de temporada. *17.30-21.00*

Copra $$

28 C7

Para deleitarse con arte comestible de sabores regionales indios y estilo de SF: curri de mango y gambas de Kerala, *puri* inflado de maracuyá, una paleta de *chutneys* de artista, y cócteles con ron indio de primera. *17.00-22.00 diario, brunch 11.30-14.00 sa y do*

State Bird Provisions $$

29 C8

Miniplatos con megasabores en platos exclusivos e inspirados en California: tortitas saladas de ricota y masa madre, tostadas de atún blanco encurtido en lima, y el ave estatal de California (codorniz) en nidos de cebolla cocinada a fuego lento. *17.30-22.00*

Bar Crudo $$

30 B8

Cerveza artesana maridada con ostras locales y sorpresas de temporada, además de tacos de pescado y sopa de marisco durante la *happy hour*. *(17.00-18.30). 17.00-21.00 lu-sa*

Productos horneados

b patisserie $

31 A3

La pastelera Belinda Leong, ganadora del Premio James Beard, hornea *kouign-amann* de sabores sensacionales como el de sésamo negro, además de *tartines* para almorzar y tarta de pistachos y frambuesas a todas horas. *8.00-16.00 mi-do*

Jane the Bakery $

32 C5

Los tratamientos de *spa* no son comparables al brillo de serotonina del *babka* de chocolate y avellanas de Jane, el abundante pan integral de California, y galletas lo bastante grandes para compartir. *7.00-17.00*

Jina Bakes $

33 D7

Mochi de manteca de *matcha* que se derrite en la boca, bombas de crema *hojicha* y *croissants* rellenos de carne *kalbijjim* de Daeho: no hay que perderse las últimas fusiones de la pastelera Jina Kim. *10.00-16.00 mi-lu*

The Mill $

34 B7

El pan Josey Baker, horneado con granos integrales ecológicos molidos en piedra aquí mismo, es parte del *brunch* con manteca de almendras de California, o del almuerzo con trucha ahumada y crema fresca. *7.00-17.00*

Beber

Bares con ritmo

Social Study

35 C8

Se puede observar los rituales de citas, mientras los DJ pinchan *soul* y los camareros maridan vino y cerveza con tentempiés *gourmet*. *17.00-22.00 lu, desde 13.00 ma-do*

Sheba Piano Lounge

36 C5

Las hermanas Alamayehu son las anfitrionas del club de cena con *jazz* de Fillmore, con platos etíopes picantes, cervezas y vinos del norte de California y cócteles de *tej* (vino de miel). *17.00-23.00 mi-do*

Scopo Divino

37 A3

Vino, música y conversación hacen que el *brunch* se alargue hasta la *happy hour (15.00-18.00)* y los grupos de *jazz* actúan de 17.00 a 20.00. *15.00-20.30 do-ma, hasta 23.00 mi-sa, brunch 11.00-14.30 sa y do*

Fermentation Lab

38 E7

Experimentos de éxito (margaritas de *yuzu* con amargos de guindilla fermentada), o Nihonmachi (*whiskey* Toki con vermut con infusión de cereza), con listas de reproducción divertidas. *15.30-23.00 ma-ju, desde 9.00 vi-do*

Comprar

Estilo característico de San Francisco

Zuri

39 C3

Blusas y vestidos coloridos del colectivo de diseño Zuri, fabricadas éticamente por emprendedoras en Kenia en todas las tallas, con estampados alegres. *11.00-18.00*

New People

40 E7

El estilo de Tokio llega a SF, con los pichis de Lolita Goth de Baby the Stars Shine Bright y los vestidos gráficos *mod* de Sou Sou inspirados en *kantoui* (blusas) que se llevaban en torno al 500 a.C. *12.00-17.00 mi-lu*

In the Black

41 C8

Conjuntos completos de SF en la muestra de diseño Black de Fillmore: sombreros de pescador para días soleados y abanicos para los espectáculos más calurosos de Fillmore. *10.00-21.00 lu-vi, desde 11.00 sa, 11.00-17.00 do*

Crossroads Trading

42 C3

Se pueden conseguir *looks* de diseñadores de alta gama y poco usados a precios asequibles en Crossroads, gracias a los famosillos de PacHeights que se deshacen de los guardarropas de la temporada anterior. *11.00-20.00 lu-sa, hasta 19.00 do*

Fibers of Being

43 B8

Compras modernas y únicas para todos los géneros, con camisetas de rodeo de SF, chaquetas *bomber* de ante y bermudas vaqueras negras, además de joyería no binaria. *12.00-18.00 ma-sa, hasta 17.00 do*

Freda Salvador

44 **C2**

Los tacones bajos y elegantes de Freda Salvador están diseñados en el Área de la Bahía y hechos a mano en España para que duren. *11.00-18.00 lu-sa, 12.00-17.00 do*

Westside Cuts & Style

45 **A7**

El *look* se completa con cortes definidos y degradados limpios del barbero de segunda generación Nate Thorner. *10.30-19.00 lu-sa*

Decoración inspirada en San Francisco

Rare Device

46 **B8**

Los vivos arcoíris de tazas y jarrones esmaltados iluminan hasta los días más brumosos en Rare Device, una exhibición de artistas y diseñadores locales bajando por Alamo Sq. *11.00-19.00 lu-sa, hasta 18.00 do*

Soko Hardware

47 **E7**

Desde 1925 cuatro generaciones de la familia Ashizawa ofrecen suministros para ikebana, bonsáis, ceremonias del té y jardines de rocas zen; para llevarse a casa la inspiración creativa de Japantown. *9.00-17.30 ma-do*

Perish Trust

48 **B8**

Las yemas de los dedos se estremecen con estas texturas terrosas: elegantes piezas de latón, candelabros de terracota cruda, cremosos jabones de sake de Heavenly hechos en SF, pinceles de madera de deriva esculpidos por el viento y Erin Irber de SF. *12.00-18.00 mi-do*

Jonathan Adler

49 **C3**

Los carros de bar de Lucite con espejos y los frascos de galletas psicodélicos de "LSD" llevan la década de 1970 a cualquier hogar; como dice el alfarero y diseñador de *pop art* de California, Jonathan Adler: "el minimalismo es un fastidio". *10.00-18.00*

SF76

50 **E6**

Artículos del hogar con alegres diseños japoneses modernos, impresionantes cuchillos forjados a mano y cuencos de cerámica de alfareros de SF. *12.00-18.00*

Nest

51 **C2**

Instalación artística y tienda, con bañeras para pájaros repletas de textiles teñidos a mano, escaleras cargadas de platos de postre y juguetes que asoman de antiguos gabinetes de sombreros franceses. *11.30-18.00 lu-sa, 12.00-17.00 do*

Forest Books

52 **E6**

Si un cambio de aires no basta, se encuentran nuevas perspectivas en libros de poesía, cultura y arte, nuevos y usados, cuidadosamente seleccionados. Un cartel de la tienda dice: "Trabaja en silencio y con diligencia por la paz. Empieza por dentro". *12.00-20.00 lu-vi, hasta 21.00 sa, 11.00-19.00 do*

Sugerencias de lugares para comer, beber y comprar en **p. 135**

Por Alison Bing

Explora Mission, Dogpatch y Potrero

Sol, burritos y libros entre cineastas, tenderos, aficionados a la tecnología, patinadores y novelistas. La Calle 24 es el Distrito Cultural Latino de SF, y Mission es un imán para lesbianas, asiático-americanos y árabe-americanos: todos son bienvenidos y celebrados en el arte, la gastronomía y los festivales multiculturales. Valencia St es el núcleo *hipster,* pero conquista a todos con su excelente café, pasteles, tiendas *vintage* y espacios creativos. Waterfront Dogpatch está transformando creativamente muelles industriales oxidados en parques, espacios de artes y música, y Potrero se luce con conciertos de punk e inauguraciones de arte.

Cómo desplazarse

BART

Bajar en la parada de 24th St Mission para ir a la Calle 24. La estación de 16th St Mission tiene mala fama, pero está cerca del cruce de Valencia con 16th.

Autobús

Las líneas 12, 14, 48 y 49 paran cerca de la Calle 24. La 48 va de este a oeste, de Dogpatch a Ocean Beach; la 14 conecta Mission con el Downtown, y la 49 va a Wharf. El bus n° 22 conecta Dogpatch, Mission, Haight, Fillmore y Marina.

A pie

Mission es plano y se puede recorrer a pie; hay buses a/desde Potrero o Dogpatch.

★

LO MEJOR

ARTE EMBLEMÁTICO
Murales de Mission (p. 125)

CULTURA INSTANTÁNEA
Calle 24, Distrito Cultural Latino (p. 126)

LUGAR DE ENCUENTRO SOLEADO
Dolores Park (p. 128)

INAUGURACIONES DE ARTE REVELADORAS
Minnesota Street Project (p. 131)

CINE VANGUARDISTA
Roxie Cinema (p. 128)

Dolores Park (p. 128).
PHOTRAVEL_RU/SHUTTERSTOCK

MISSION, DOGPATCH Y POTRERO
Jolene's
Catharine Clark Gallery
Hosfelt Gallery
San Francisco Center for the Book
Thee Parkside
Bottom of the Hill
Franklin Sq
POTRERO GULCH
Jackson Playground
POTRERO FLATS
POTRERO HILL
Southern Exposure
McKinley Square
MISSION
Hospital General de San Francisco
Véase "Northwest Mission"
Needles & Pens
Gray Area
House of Seiko
Red Poppy Art House
16th St
17th St
Mariposa St
18th St
19th St
20th St
21st St
22nd St
23rd St
Valencia St
Mission St
Capp St
S Van Ness Ave
Shotwell St
Folsom St
Treat Ave
Harrison St
Alabama St
Bryant St
York St
Hampshire St
Potrero Ave
Kansas St
Rhode Island St
De Haro St
Carolina St
Arkansas St
Wisconsin St
Connecticut St
Bartlett St
Guerrero St

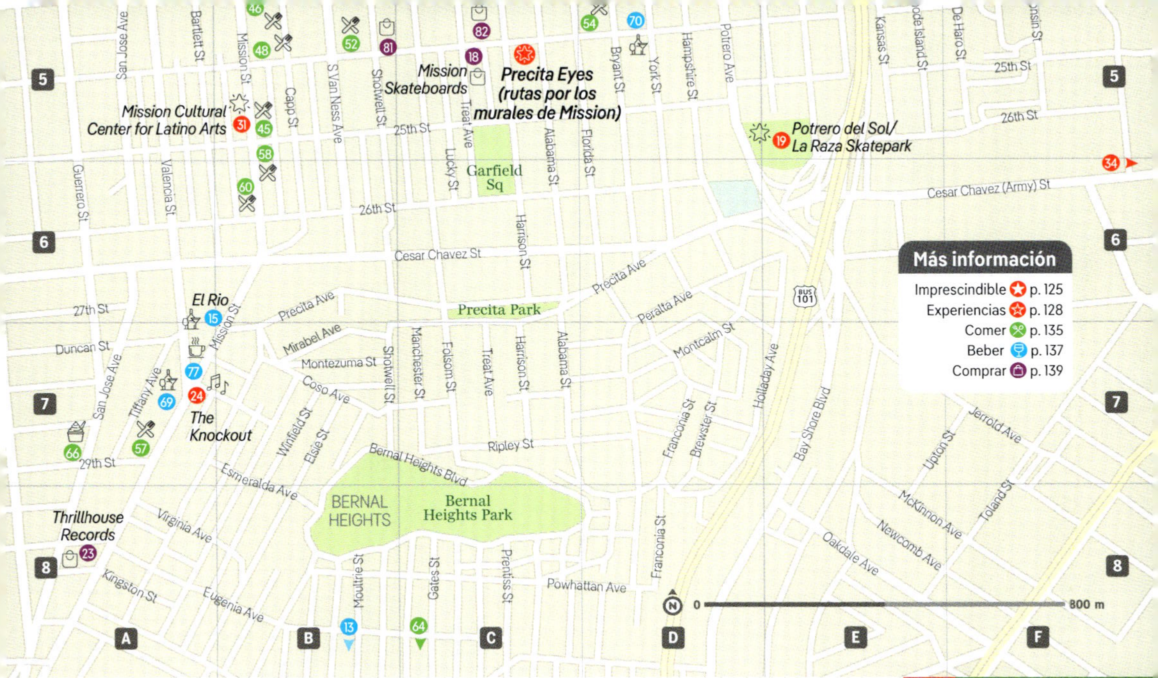
Más información
Imprescindible p. 125
Experiencias p. 128
Comer p. 135
Beber p. 137
Comprar p. 139
Precita Eyes
(rutas por los
murales de Mission)
Mission
Skateboards
Mission Cultural
Center for Latino Arts
Potrero del Sol/
La Raza Skatepark
El Rio
The
Knockout
Thrillhouse
Records
Garfield
Sq
Precita Park
BERNAL
HEIGHTS
Bernal
Heights Park
San Jose Ave
Bartlett St
Mission St
Capp St
S Van Ness Ave
Shotwell St
Treat Ave
Lucky St
25th St
26th St
Alabama St
Florida St
Bryant St
York St
Hampshire St
Potrero Ave
Kansas St
De Haro St
Cesar Chavez (Army) St
Cesar Chavez St
Harrison St
Guerrero St
Valencia St
27th St
Duncan St
29th St
Tiffany Ave
Precita Ave
Mirabel Ave
Montezuma St
Coso Ave
Manchester St
Folsom St
Peralta Ave
Montcalm St
Holladay Ave
Bay Shore Blvd
Franconia St
Brewster St
Ripley St
Winfield St
Elsie St
Bernal Heights Blvd
Esmeralda Ave
Virginia Ave
Kingston St
Eugenia Ave
Moultrie St
Gates St
Prentiss St
Powhattan Ave
Jerrold Ave
Upton St
McKinnon Ave
Newcomb Ave
Oakdale Ave
Toland St
0
800 m

NOROESTE DE MISSION
Más información
Imprescindible p. 125
Experiencias p. 128
Comer p. 135
Beber p. 137
Comprar p. 139
A
B
C
D
1
2
3
4
5
6
Chan National Queer Arts Center
SoMa West Skatepark
Brick & Mortar
Double Down
Creativity Explored
Sour Cherry Comics
Roxie Cinema
Clarion Alley
ODC Theater
Women's Building
Mission Comics & Art
Incline Gallery
Chapel
Dolores Park
Casements Bar
500 Capp Street
Artists' Television Access
Alamo Drafthouse Cinema
Foreign Cinema
the Marsh
MISSION
Duboce Ave
Market St
Valencia St
14th St
Guerrero St
15th St
16th St
Dolores St
Mission St
Shotwell St
17th St
Dearborn St
Sycamore Al
Dorland St
18th St
S Van Ness Ave
Capp St
19th St
Linda St
Lexington St
San Carlos St
Cumberland St
20th St
Liberty St
21st St
101
0
300 m
N

★ IMPRESCINDIBLE

Murales de Mission

Frida Kahlo y Diego Rivera llegaron a SF de luna de miel de trabajo en la década de 1930, y lo transformaron para siempre. Las superestrellas de México inspiraron a generaciones de muralistas a crear más de 500 murales en Mission, toda una muestra de disidencia política, orgullo comunitario y arte callejero.

PLANOS P. 122 **C5**, P. 124 **C4** Y **B4**

Balmy Alley

Inspiradas por Frida Kahlo y Diego Rivera, las Mujeres Muralistas comenzaron a pintar aquí puertas de garajes en 1973, convirtiendo un callejón en un lugar emblemático del barrio. Hoy, los murales de Balmy Alley los mantiene la ONG **Precita Eyes,** incluidos los primeros homenajes a Frida Kahlo, el monumento conmemorativo de 1985 al activista y arzobispo salvadoreño Óscar Romero, y el homenaje de Lucía González Ippolito a las "Mujeres de la Resistencia".

Clarion Alley

Clarion Alley es un escaparate de arte callejero mantenido por los vecinos y el Clarion Alley Collective. Los artistas de Clarion han creado más de 900 murales desde 1992, pero pocos sobreviven al paso del tiempo y a otros grafitis. Sobreviven *Tax the Rich,* con sus margaritas, de Megan Wilson, y el bosque de Jet Martinez en Clarion Alley.

Women's Building

El primer centro comunitario de EE UU perteneciente a mujeres y gestionado por ellas ha albergado 150 organizaciones de mujeres desde 1979, y el mural *Maestrapeace,* de 1994, celebra el Edificio de las Mujeres como un monumento histórico. Los muralistas de Mission trabajaron con 100 voluntarios para cubrir el edificio con diosas y pioneras, como la poeta Audre Lorde, la artista Georgia O'Keeffe, la líder palestina Hanan Ashrawi y la premio Nobel Rigoberta Menchú.

CONSEJO

Hay recorridos a pie los fines de semana (**Precita Eyes,** *menos de 2 h*); lo recaudado financia el mantenimiento de los murales y nuevos encargos. Al publicar fotos, hay que hacer referencia a los muralistas.

Escanea este código QR para información y visitas a los murales.

CIRCUITO A PIE

Un paseo cultural por la Calle 24

En la Calle 24 se despliegan murales monumentales. Los mosaicos adornan puertas y parques; las ventanas decoradas con *papel picado* crean un ambiente festivo todo el año; y el olor a café recién hecho y tamales humeantes seduce a cualquiera. Se entiende por qué más de 4000 personas pasean por aquí a diario.

INICIO	FINAL	DURACIÓN
Medicine for Nightmares	La Palma Mexicatessen	0,8 km; 45 min

❶ Medicine for Nightmares

Antes de que aquí hubiera señales de tráfico, los nativos ohlone, los frailes españoles y los rancheros mexicanos se orientaban gracias a la memoria y compartían historias. Las librerías de la Calle 24 mantienen vivos esos recuerdos. Cuando las librerías comenzaron a perder clientes frente a las megatiendas en línea, los lectores de Mission se movilizaron, convirtiendo la librería bilingüe **Medicine for Nightmares** (p. 139) en un colectivo.

❷ Balmy Alley

El movimiento muralista de Mission comenzó en **Balmy Alley** (p. 125), donde se comenzaron a transformar puertas de garajes en declaraciones artísticas en 1973. Quizá se reconozca al arzobispo Romero y a Frida Kahlo entre los coloridos personajes que iluminan esta callejuela cubierta de murales.

❸ Precita Eyes

Los murales de la Calle 24 siempre parecen frescos gracias a **Precita Eyes** (p. 125), la ONG dedicada a restaurar murales históricos, y organizar nuevos encargos y recorridos a pie por los murales de Balmy Alley. Destaca la fachada de Precita Eyes en la Calle 24, por un impresionante mosaico de la diosa de las flores Xochiquetzal de la muralista y fundadora Susan Cervantes.

❹ Brava Theater

Bajo la marquesina, un mural de dos mujeres revitaliza el **Brava Theater** *(brava.org)* teatro *art déco* de 1926, que lleva más de 40 años representando nuevas obras de dramaturgas mujeres y *queer*, desde *Los monólogos de la vagina* de Eve Ensler hasta comedia de Culture Clash. El envolvente mural de Agana y su equipo incluye un sutil recordatorio sobre la taquilla para "destruir el patriarcado".

❺ 24th & York Mini Park

Al otro lado de la calle, el dios serpiente Quetzalcóatl alza su cabeza del suelo de caucho del idílico **24th & York Mini Park.** Quetzalcóatl apareció en murales aquí en 1972, cuando los vecinos transformaron un terreno abandonado en un lugar de orgullo para Mission. Hoy, su escultura de mosaico atrae a los niños, y su poder transformador es irrefutable: desde que se creó, los sanfranciscanos han creado 40 miniparques más en la ciudad.

❻ La Palma Mexicatessen

Hay que seguir el sonido de los aplausos hasta **La Palma Mexicatessen** (p. 135), pues estos indican que se están preparando tortillas ecológicas a mano. Aquí se disfruta de tacos, tamales y huaraches (masa rellena) hechos a demanda en una mesa soleada en la acera bajo el mural en honor a Centeōtl, el dios azteca del maíz.

EXPERIENCIAS

Un rato en el Dolores Park PARQUE

PLANO: 1 P. 124 **A5**

El **Dolores Park** *(sfrecpark.org; gratis)* es el hogar del baloncesto callejero y los parques infantiles con pirámides mayas, pícnics de tacos y semiprofesionales del bronceado: las laderas verdes son para relajarse y abajo hay fútbol, *frisbee*, protestas políticas y otros deportes locales. El buen tiempo trae consigo grandes eventos, como el concurso *drag* **Hunky Jesus Contest** *(thesisters.org; gratis)* de Pascua, noches de cine de verano gratuitas y actuaciones en otoño de la **San Francisco Mime Troupe** *(sfmt.org; gratis)*.

Ver actuaciones rompedoras ARTES ESCÉNICAS

En espacios de ocio como el **ODC Theater** (PLANO: 2 P. 124 **D3**), las actuaciones de danza arriesgadas dejan al público boquiabierto. **Gray Area** (PLANO: 3 P. 122 **B4**; *grayarea.org; eventos 0-50 US$)* difumina las fronteras entre el arte y la ciencia, y la cultura y la tecnología con espectáculos de electrónica inmersiva, talleres sobre arte 3D y festivales psicodélicos de *cyberpunk* en el histórico Grand Theater. El **Chan National Queer Arts Center** (PLANO: 4 P. 124 **B1**; *sfgmc.org)* acoge al Coro de Gais de SF, muy popular, como se ve en el galardonado documental *Gay Chorus Deep South*, además de teatro Q-lab y estridentes eventos *drag* punk del Orgullo. El **Brava Theater** (p. 127) lleva 40 años produciendo obras originales de dramaturgas negras y LGTBIQ+; organiza más de 200 eventos al año en un teatro de 1926 cubierto de murales. Las obras de un solo acto en **The Marsh** (PLANO: 5 P. 124 **C6**; *themarsh.org; entradas 10-50 US$)* involucran al público en obras originales, desde *Swimming with Lesbians* de la comediante Marga Gómez a las presentaciones de narradores locales los lunes.

Películas de Mission CINES

Si uno se aburre del *streaming*, puede ver algo nuevo en los históricos cines independientes de Mission, sin anuncios y con introducciones personales de muchas películas. Si la televisión la programaran los artistas, el resultado sería la ONG **Artists' Television Access** (PLANO: 9 P. 124 **C6**; *atasite.org*), que proyecta vídeos de arte, muestras de cineastas locales y películas *underground* desde 1984. El **Roxie Cinema** (PLANO: 10 P. 124 **B3**; *roxie.com*) de Mission, de 1909, es una ONG vecinal con reputación internacional por sus festivales de cine, como el **CAAMFest** *(caamfest.com; may)* del Center for Asian American Media, el **LGTBIQ+ Frameline Film Fest** *(frameline.org; jun)*, el **Jewish Film Festival** *(jfi .org; jul)* y el **Arab Film Festival** *(arabfilminstitute.org; nov).* El **Alamo Drafthouse Cinema** (PLANO: 11 P. 124 **C6**; *drafthouse .com)* proyecta taquillazos y reposiciones de culto en un cine de 1932, mientras sirve cócteles inspirados en películas, cerveza, hamburguesas y *brunch* todo el día. En el **Foreign Cinema** (PLANO: 12 P. 124 **C6**; *foreigncinema .com)*, películas atemporales acompañan la cocina californiana sostenible y de temporada de la chef y Gayle Pirie.

Lugares emblemáticos para lesbianas

LESBIANAS

Las mujeres hacen historia en Mission, dirigiendo ONG en el Women's Building (p. 125), presentando espectáculos en Brava, organizando la **Dyke March** *(thedykemarch.org)* y brindando atención médica en la Lyon-Martin Community Health Clinic; todo ello merece un brindis. Desde 1962, las clientes de **Wild Side West** (PLANO: 13 P. 122 **B8**; *wildsidewest .com)* beben en el patio cervecero y se besan en la mesa de billar (empezó Janis Joplin). **Mother** *(mothersf.com)* es un local para mujeres conocido por su Ex (un cóctel de ginebra con jengibre y un toque amargo) y su BFF sin alcohol. **Jolene's** (PLANO: 14 P. 122 **C1**; *jolenessf.com; 0-15 US$*) lleva 12 años creando ambiente con fiestas UHaul lésbicas, concursos de trajes de poder y maratones de "amistades *queer* rápidas". En

SALAS DE MÚSICA EN DIRECTO DE MISSION

Chapel

PLANO: 6 P. 124 **C4**

Lugar emblemático de arte y artesanía de California, de 1914, con una acústica perfecta y artistas independientes de folkYEAH; también es un caos de arte performativo con artistas como Robyn Hitchcock y The Residents *(17.00-22.00 lu-mi, hasta 24.00 ju y vi, 10.00-2.00 sa, 10.00-22.00 do).*

Brick & Mortar

PLANO: 7 P. 124 **C1**

Tocan bandas peculiares que hacen vibrar el escenario, desde las innovadoras producciones de Popscene hasta las presentaciones de artistas de NPR Tiny Desk. *(17.00-1.30).*

Red Poppy Art House

PLANO: 8 P. 122 **C4**

Una tienda en Mission hace las veces de sala de conciertos para artistas residentes internacionales como virtuosos armenios del *duduk* o cuartetos argentinos de tango, y artistas autóctonos itinerantes en el Mission Stoop Fest *(19.00-22.00 ju-do).*

El Rio (PLANO: 15 P. 122 **B6**; *elriosf.com*), de dueñas lesbianas, se disfruta de margaritas y coqueteos en una terraza que lo ha visto todo desde 1978, incluidas fiestas lésbicas los sábados, domingos de salsa y viernes de ostras gratis. Desde siempre, los *pubs* irlandeses y los bares de lesbianas de Mission han atraído a diferentes clientelas, pero el **Casements Bar** (PLANO: 16 P. 124 **C5**; *casementsbar.com*), de lesbianas irlandesas, destaca con su patio rodeado de murales, donde tomar una Guinness, más 50 *whiskeys* irlandeses y comida de *pub* californiana.

Patinar por Mission MONOPATÍN

El patinaje callejero es el deporte, arte y medio de transporte preferido por los niños *cool* de Mission y sus padres. Las mujeres y los patinadores callejeros no binarios tienen su reconocimiento en **Double Down** (PLANO: 17 P. 124 **B2**; *doubledownzine.com*), una revista/escena de mujeres y patinadores no binarios: su tienda en Valencia ofrece números atrasados y pegatinas gratuitas. La leyenda del patinaje callejero Scot Thompson es dueño de **Mission Skateboards** (PLANO: 18 P. 122 **C5**; *missionsk8shop.com*), con tablas diseñadas en Mission, camisetas personalizadas, zapatillas de *skate* y su revista *Thrasher*. En el **Potrero del Sol/La Raza Skatepark** (PLANO: 19 P. 122 **E5**; *sfrecpark.org*), se ve a patinadores profesionales que hacen *ollies* en los mejores *bowls* de hormigón de SF, aunque con los grafitis resbalan. Los más valientes van al **SoMa West Skatepark** (PLANO: 20 P. 124 **B1**; *sfrecpark.org*), legendario parque urbano bajo la autopista.

Del 'pogo' a punk MÚSICA PUNK

Bottom of the Hill (PLANO: 21 P. 122 **F1**; *bottomofthehill.com*) es conocido por presentar a leyendas del punk como los Avengers, Pansy Division y Dead Boys, además de nuevos artistas como Junior Painkillers, The Hot Takes, Buzzed Lightbeer. Las pegatinas de bandas punk que cubren las paredes del patio podrían estar sosteniendo **Thee Parkside** (PLANO: 22 P. 122 **F1**; *theeparkside .com; entrada 0-15 US$*): las bandas locales han rockeado aquí todos los fines de semana durante décadas. **Thrillhouse Records** (PLANO: 23 P. 122 **A8**; *thrillhouserecords .com*) vende punk en vinilo y ofrece conciertos gratis los fines de semana; su cartel es una instantánea del panorama punk de SF. **The Knockout** (PLANO: 24 P. 122 **A7**; *theknockoutsf.com*) ofrece bandas divertidas y ruidosas, además de *reggae* relajante, *darkwave* bailable, y espectáculos de *drag* punk. Además, sirve cerveza artesana, PBR con chupitos de JD y un cóctel llamado Off-Kilter (ginebra St George Botanist, St Germain y tónica, con romero).

Explorar los espacios artísticos de Mission GALERÍAS

Se pueden ver obras de arte destinadas a retrospectivas de museo, ferias internacionales de arte y bolsos de Marc Jacobs, todas de artistas locales discapacitados, en la ONG **Creativity Explored** (PLANO: 25 P. 124 **B3**; *creativityexplored.org*), y unirse a la lucha creativa de **Imaginate Saturdays** *(12.00-15.00; gratis)*. Uno pierde la noción del tiempo en el taller de reparación de relojes reconvertido en la galería **House of Seiko** (PLANO: 26 P. 122 **B4**; *houseofseiko.info; gratis*), y puede ampliar la colección de arte en la **Incline Gallery** (PLANO: 27 P. 124 **B4**; *inclinegallerysf.com; gratis*), una rampa por la que antiguamente se transportaban cadáveres. La sala de la ONG **Southern Exposure** (PLANO: 28 P. 122 **C3**; *soex.org; se admiten donativos*) organiza jornadas de dibujo para recaudar fondos y las fiestas artísticas Resist and Rejoice. En la ONG **500 Capp Street** (PLANO: 29 P. 124 **C5**; *500cappstreet.org; visitas gratis sa*), la casa en Mission del ya desaparecido escultor David Ireland rebosa de instalaciones experimentales.

Una mirada al futuro del Minnesota Street Project

CENTRO DE ARTE

PLANO: 30 P. 122 **F4**

En una antigua fábrica, la ONG **Minnesota Street Project** *(minnesotastreetproject.com)* exhibe nuevos talentos. Las exposiciones son gratuitas y atrevidas, desde paisajes oníricos en la **Eleanor Harwood Gallery** *(eleanorharwood.com)* hasta obras multimedia de reflexión en la **Jack Fischer Gallery** *(jackfischergallery.com)*. La **Casemore Gallery** *(casemoregallery.com)* presenta a fotógrafos de renombre, como los retratos del Club Kids de Jim Jocoy o las inquietantes subdivisiones suburbanas de Todd Hido; y la **Anglim/Trimble Gallery**

MISSION SCHOOL

En la década de 1990, la cultura del *skate*, el cómic *underground* y el grafiti confluyeron en las calles de Mission, y el mundo del arte es el mismo desde entonces. El crítico de arte Glen Helfand denominó al movimiento "Mission School"; incluía a artistas que se alejaban de lo académico, como los artistas de SF de grafiti, murales, fanzines y *skate* Margaret Kilgallen, Barry McGee, Ruby Neri y Chris Johanson. Los espacios de arte independiente de la ciudad invitaron a los artistas de Mission School a sus espacios interiores, e inauguraron la exposición colectiva "Beautiful Losers" (título de la novela contracultural de 1966 de Leonard Cohen) con un documental del 2008 que convirtió a los artistas de Mission School en figuras clave de exposiciones en museos y ferias de arte. Las próximas innovaciones se descubrirán en Mission.

(anglimtrimble.com) impulsa los movimientos artísticos del Área de la Bahía, desde el grupo Beat a los conceptualistas del Área de la Bahía. Las galerías permanecen abiertas hasta las 20.00 para las charlas de artistas y talleres gratuitos el primer sábado de mes.

Festivales culturales de Mission

FESTIVALES

Durante el **carnaval** *(carnavalsanfrancisco.org; gratis)* todos menean sus colas de plumas en las calles de Mission. Para el **Día de los Muertos** *(dayofthedeadsf.org; gratis)*, bandas de música, coches *lowriders* y esqueletos danzantes honran a los muertos en la Calle 24, altares comunitarios bordean el Potrero del Sol/La Raza Skatepark (p. 130), y el **Mission Cultural Center for Latino Arts** (PLANO: 31 P. 122 **B5**; *missionculturalcenter.org)* presenta exposiciones de arte y catas de mole. El festival literario más grande y extravagante del país es el Litquake (p. 33), y el evento más destacado es el LitCrawl, donde los escritores comparten sus secretos en Valencia St. **Flor y Canto** y el **Paseo Poético** llenan las calles de Mission de poesía.

Ver un partido de los Warriors

BALONCESTO

PLANO: 32 P. 122 **F1**

El canto melodioso *"Warr-i-ors!"* es tanto un saludo en SF como una provocación a los aficionados de los equipos visitantes, que se enfrentan a los campeones de la NBA del Área de la Bahía que repiten títulos (cuatro veces desde el 2014) con la ventaja de jugar en casa. Las entradas para los partidos se venden en la web del **Chase Center** *(nba.com)*, con precios que van de los 40 US$ para las gradas más altas y alejadas a las más caras para los partidos de revancha de los LA Lakers. Entre las temporadas de octubre y mayo, el Chase Center acoge a artistas pop (Paramore, Drake) o de comedia (programa doble de Jerry Seinfeld y Jim Gaffigan).

Restos en el Crane Cove Park

PLAYA

PLANO: 33 P. 122 **F2**

Los muelles de Dogpatch están salpicados de equipos oxidados del pasado industrial de San Francisco y de la época de los astilleros de la II Guerra Mundial. Los vecinos recuerdan con cariño las enormes grúas industriales apodadas Nick y Nora que enmarcaron el puerto de la bahía de San Francisco durante más de un siglo, e insistieron en preservarlas en el **Crane Cove Park** *(sfport .com; gratis)*. Nora domina las mesas de pícnic junto a la bahía, mientras Nick observa a los que practican surf de remo en las frías aguas de la bahía y a los niños que juegan en la playa rocosa sin socorrista. Desde aquí, se sigue el Bay Trail hasta Embarcadero.

Sentir el ritmo en el Pier 80 EVENTOS MUSICALES

PLANO: 34 P. 122 **F6**

Dogpatch fue un puerto activo, pero hoy es un lugar de fiesta. Junto al Pier 80, el **Midway** *(themidwaysf.com)* cobra vida con eventos en interiores y exteriores, incluidas fiestas de día con DJ y *raves*, como si la década de 1990 nunca hubiera terminado. En las profundidades del Midway está **Envelop**, una sala de audio inmersiva con 32 altavoces y luces interactivas donde uno se descalza para sentir, oír y ver álbumes excepcionales reproducidos en su totalidad: *Purple Rain, Dark Side of the Moon, Sgt Pepper, Kid A.* Las multitudes inundan el Pier 80 durante el **Portola Festival** *(portolamusicfestival.com)*, que concentra tres décadas de EDM y *power-pop* en dos días. Entre los cabezas de cartel están Chemical Brothers, The Prodigy, Christina Aguilera y LCD Soundsystem.

Visitar Letterpress Landmarks CENTROS DE ARTE

Editores de fanzines punk y diseñadores de aplicaciones se reúnen en el **Letterform Archive** (PLANO: 38 P. 122 **F3**; *letterformarchive .org; adultos/estudiantes 10/5 US$)* para ver icónicas obras en papel, desde periódicos de la década de 1960 de los Panteras Negras hasta carteles de concienciación sobre el sida de la de 1980. Leer adquiere un significado distinto en **San Francisco Center for the Book** (PLANO: 39 P. 122 **E1**; *sfcb .org)*, la editorial comunitaria sin

GALERÍAS DE POTRERO

Catharine Clark Gallery

PLANO: 35 P. 122 **D1**

Aquí se instigan revoluciones artísticas con provocaciones magníficas, desde las pinturas de samuráis luchando contra la epidemia del sida de Masami Teraoka hasta los vídeos de antiguos guardianes egipcios defendiendo el ciberespacio de Zeina Barakeh *(11.00-18.00 ma-sa).*

Hosfelt Gallery

PLANO: 36 P. 122 **D1**

Se inducen estados de trance con artísticas imágenes ultralentas y extrapixeladas diseñadas por Jim Campbell (famoso por la Salesforce Tower) y por los diminutos rizos de papel de Marco Maggi que cubren vastas superficies *(10.00-17.30 ma-sa).*

Romer Young Gallery

PLANO: 37 P. 122 **F3**

Aquí se ve a artistas que realizan una alquimia misteriosa: Erik Scollon teje ojos que todo lo ven y erotismo en tejidos talismán, y Leah Rosenberg evoca las tartas y la comunidad en enormes y vívidas pinturas de puntos *(12.00-17.00 ju-do).*

ánimo de lucro de SF, con talleres de encuadernación clásica y tipografía, además de exposiciones libros de arte únicos que caben en cajas de cerillas, aparecen en teatros y contienen tesoros secretos.

Coleccionar cómics y fanzines en Mission CÓMICS

Las selecciones de un club de lectura parecen insulsas comparadas con los cómics independientes y los fanzines recién fotocopiados que llenan las estanterías de Mission. En **Mission Comics & Art** (PLANO: 40 P. 124 **C4**; *missioncomicsandart.com)* hay estanterías de cómics independientes *(Snotgirl, Head Lopper)* junto a títulos estrella nuevos y usados *(Walking Dead, Star Wars)*. Las firmas de libros y eventos presentan a los héroes locales del cómic, de la portadista de *Poison Ivy* Jessica Fong a la novelista gráfica de *Raised by Ghosts* Briana Loewinsohn. **Sour Cherry Comics** (PLANO: 41 P. 124 **B3**; *sourcherrycomics.com*) mantiene una clientela fiel gracias a su selección de cómics *queer*, su club mensual de manga, sus eventos comunitarios de recaudación de fondos, y sus fanzines caseros de todos los temas posibles: vivienda asequible o cómo decir no a las horas extra. Se encuentran ideas innovadoras en el quiosco de fanzines **Needles & Pens** (PLANO: 42 P. 122 **A4**; *needles-pens.com*), como el *Mental Health Cookbook* de Finn Cunningham, y uno puede crear su propio fanzine con un *collage* de imágenes prediseñadas del fanzine *Crap Hound*.

Hecho a mano en Dogpatch ARTESANÍA

La alta artesanía se fusiona con la alta tecnología en Dogpatch, donde artistas y coches autónomos recorren las calles costeras. Se compensa el tiempo de pantalla con delicias sensoriales en **hugomento** (PLANO: 43 P. 122 **F3**; *hugomento.com; gratis*), una muestra de arte y objetos históricos hechos a mano y texturas exuberantes. Unas fascinantes obras abstractas llevan la innovación de SF a la artesanía del norte de California, desde los delicados tejidos teñidos a mano de Carrie Crawford a las esculturas de vidrio nudoso grabadas con arena de George William Bell.

Muy cerca, obras únicas reavivan la fascinación en el **Museum of Craft & Design** (PLANO: 44 P. 122 **F4**; *sfmcd.org; adultos/estudiantes 10/8 US$)*. La artesanía tradicional encuentra aquí un nuevo propósito: las alfombras capturan la topografía de humedales modificados por el clima, todo un cosmos se forma a partir de fósiles, y los *durags* cubiertos de botones se convierten en coronas contemporáneas.

SUGERENCIAS

Lo mejor para...

$ Económico $$ Medio $$$ Alto

Localizaciones en el plano de la **p. 122** y **p. 124**

Comer

Burritos de Mission

La Taquería $
45 P. 122 **B5**
El burrito de Miguel Jara, ganador del Premio James Beard, apenas ha cambiado desde 1972: carnes a la parrilla, frijoles cocinados a fuego lento, tortillas de harina y salsa recién hecha. *11.00-20.45 mi-do*

La Corneta Taqueria $
46 P. 122 **B5**
Los mariachis ambulantes cantan para las familias de Mission, que se dan un festín de burritos con gambones, fríjoles pintos y salsas recién hechas. *10.00-21.00*

Pancho Villa $
47 P. 124 **C3**
Tienen burritos *baby* y normales; se puede elegir vegetariano o con carne y añadir salsas. *10.00-22.00*

Taqueria El Farolito $
48 P. 122 **B5**
Por la noche hay cola en esta taquería; solo aceptan efectivo y despachan burritos enormes, repletos de carne y aguacate. *10.00-1.45 do-ju, hasta 2.45 vi y sa*

Cenas para ocasiones especiales

San Ho Won $$$
49 P. 122 **C3**
El comedor minimalista exhibe sabores coreanos: filete *jebi churi* y deliciosos *banchan* (acompañamientos). *17.00-21.30 ju-do, hasta 22.00 vi y sa*

Flour + Water $$
50 P. 122 **C3**
Platos italianos: *tortellini* rellenos de mortadela, creativos *garganelli* de pato y calabaza, y *pizza* de setas *matsutake* con miel. *17.00-21.30*

Farmhouse Kitchen Thai Cuisine $$
51 P. 122 **C3**
Comida de California de la granja a la mesa y platos tailandeses; pollo frito de Sonoma con cúrcuma y cócteles Make a Wish (pide un deseo) servidos en lámparas de genio. *11.30-14.00 y 17.00-20.30 do-ju, 16.30-21.30 vi y sa*

Donaji $
52 P. 122 **B5**
Estilo oaxaqueño-californiano, con sabores intensos: costillas braseadas en mole rojo, enchiladas de tinga de pollo en mole negro y *s'mores* de chocolate con churros. *17.00-22.00 mi-ju, hasta 22.30 vi y sa*

Vegetariana y vegana

Shizen $$
53 P. 124 **C2**
Rollos "arma secreta" de setas marinadas y el "principal sospechoso" (espárragos en tempura con alioli de *gochujang* sin huevo). *17.00-21.00 do-ju, 16.00-21.30 vi y sa*

La Palma Mexicatessen $
54 P. 122 **D5**
El principal filón de Mission de tamales hechos a mano, huaraches, y pupusas con masa vegana y rellenos vegetarianos o de carne. *8.00-17.00 mi-lu*

Udupi Palace $

55 P. 124 **C6**

Picantes *dosas* (tortitas de harina de lentejas) de 60 cm y sustanciosos *idli* (esponjosos bollos de arroz con lentejas) con *sambar* y *chutney* de coco. *12.00-20.30*

Burma Love $$

56 P. 124 **B1**

Sabores potentes: ensalada de hojas de té fermentadas, berenjena caramelizada, arroz glutinoso con coco y cócteles de primera. *11.30-15.00 y 17.00-22.00*

'Mezze' en Mission

Komaaj Mazze & Wine Bar $$

57 P. 122 **A7**

Sabores del norte de Irán (trucha ahumada glaseada con granada, pepinos persas con aderezo de *dalaar*) con vinos armenios. *17.30-21.00 ma-ju, 12.00-15.00 y 17.30-22.00 vi-do*

Reem's $

58 P. 122 **B5**

El aclamado chef y sirio-palestino Reem Assil crea comida palestino-californiana sensacional y sostenible, como pan plano 'Pali-Cali' con pollo con zumaque y cebolla caramelizada. *11.00-15.00 y 17.00-21.00 ma-sa*

Freekeh $

59 P. 124 **B3**

Salsas clásicas y *musajján* picante para compartir (pollo o champiñones con zumaque enrollado en *lavash*), con limonada con *arak* (anís libanés). *17.30-21.00 ma-do, 10.00-14.30 sa y do*

Old Jerusalem $

60 P. 122 **B6**

Generosas porciones de clásicos palestinos y sirios: *shawarma, mansaf* (pilaf de cordero), *ful* (salsa de habas) y *kenafeh* (postre con queso) recién salidos de la plancha. *11.00-22.00 mi-lu*

Productos horneados

Craftsman & Wolves $

61 P. 124 **C5**

Se puede romper las reglas del desayuno con el Rebel Within, una madalena de queso con un huevo pasado por agua dentro y/o minipasteles de temporada. *7.30-15.30 lu-vi, 8.00-16.00 sa y do*

Tartine $

62 P. 124 **B4**

Delicias como *pain au chocolat* dorado con mantequilla, capuchinos cremosos o *croque monsieurs* de jamón y queso con bechamel. *7.30-18.00*

Stonemill Matcha $

63 P. 124 **C3**

Durante la hora del té sirve productos horneados con los sabores asiáticos favoritos de SF: bocaditos de crema de sésamo negro y sándwiches de pan de leche y pollo *katsu*. *10.00-16.00 lu-vi, 9.00-17.00 sa y do*

Black Jet Baking $

64 P. 122 **C8**

Los panaderos artesanales reinventan nostálgicos dulces envasados con ingredientes de California (como los hojaldrados *toaster pastries* con mermelada casera) y sirven porciones de *pizza* de temporada. *8.00-14.00 ma y mi, hasta 16.00 ju-do*

Helados

Garden Creamery

65 P. 124 **C5**

La crema orgánica y las frutas seleccionadas a mano crean sabores intensos, como sésamo negro y "fresa con esteroides". *18.00-22.30 mi-vi, 12.00-21.30 sa y do*

Mitchell's Ice Cream

66 P. 122 **A7**

Desde 1953, en las aceras de Mission se saborean sabores tropicales como *macapuno* (coco joven), el moca de Kahlua y *ube* (ñame morado). *11.30-23.00*

Humphry Slocombe

67 P. 122 **E1**

Sabores originales: café vietnamita, *bourbon* y copos de maíz, tarta de queso de cabra, rociados con aceite de oliva de California y sal marina. *13.00-22.00*

Bi-Rite Creamery

68 P. 124 **A4**

Incluso los VIP hacen cola tras cuerdas de terciopelo para pedir helado de miel de Sonoma y lavanda o de caramelo salado con salsa de chocolate caliente casera. *12.00-21.00*

Beber

Bares icónicos

Royal Cuckoo Organ Lounge

69 P. 122 **A7**

El DJ comienza a tocar el órgano, un tipo toma una trompeta y un cliente con máscara de lucha libre grita: "¡Sí, Chet Baker es lo mío!". Así comienza otra noche mítica en Cuckoo. *18.00-24.00 lu, 16.00-2.00 ma-ju, desde 15.00 vi-do*

Pop's Bar

70 P. 122 **D5**

En este bar *art déco* de 1937 sirven cócteles con nombres de coches *lowrider* (como el elegante Cutlass: centeno, avena, *bitter* de chocolate azteca) que hace efecto cuando pinchan los DJ. *6.00-2.00*

Zeitgeist

71 P. 124 **B1**

En este patio cervecero para moteros se puede elegir una cerveza artesana de barril de las 64 disponibles. *14.00-23.00 lu-mi, hasta 24.00 ju y vi, 12.00-1.00 sa, 12.00-21.30 do*

Homestead

72 P. 122 **C3**

Acogedor bar victoriano de 1893, con barra de madera tallada, chimenea de hierro fundido y un montón de personajes de Mission: cuando suena Iggy Pop en la gramola, es mejor hacerse a un lado. *15.00-23.00 do-ju, hasta 2.00 vi y sa*

Cócteles

Trick Dog

73 P. 122 **C3**

Cada nuevo menú captura una obsesión de SF: el Whole Earth Catalog, los muralistas de Mission, actuaciones de circo que desafían a la muerte; este bar que suele ser considerado el mejor de EE UU. *16.00-24.00 do-ju, hasta 2.00 vi y sa*

Dalva & Hideout

74 P. 124 **B3**

Se puede hablar sobre las películas de Roxie con un Altered States (mezcal, vermut, genciana) o comentar chismes en la parte trasera, Hideout, con un Friend of the Devil (centeno, *stout*, *amaro*). *17.00-24.00 do-ma, hasta 2.00 mi-sa, Hideout desde 19.00*

%ABV

75 P. 124 **B3**

Los bebedores entendidos reconocen el nombre ("porcentaje de alcohol por volumen") y aprecian lo artesanal: aceite de mandarina en los martinis, cubitos de hielo cortados a mano en el *whiskey* de malta japonés. *16.00-2.00*

Elixir

76 P. 124 **B3**

El primer bar certificado como ecológico de SF es un *saloon* de 1858 que ofrece cócteles de *whiskey* ecológico que se beben al ritmo de la gramola. *16.00-24.00 do-mi, hasta 2.00 ju y vi, 12.00-2.00 sa*

PAULAAH293/SHUTTERSTOCK

Pop's Bar (p. 137).

Café

Finjan Qahwa

77 P. 122 **A7**

Vale la pena compartir un *baklava* y un suave café yemení amarillo, servido en teteras de latón o en *lattes* con hielo. *7.00-22.00 do-ju, hasta 23.00 vi y sa*

Ritual Coffee Roasters

78 P. 124 **C6**

Los devotos hacen cola para conseguir café tostado en casa en lotes pequeños con perfiles de sabor distintivos; las descripciones que comparan los tostados con cáscara de pomelo o avellana tostada no son exageradas. *6.30-19.00*

Four Barrel Coffee

79 P. 124 **B2**

El café más moderno de SF tiene animados baristas que preparan cafés por goteo, una terraza soleada, arte digno de una galería, y sin enchufes ni wifi que obstaculicen la conversación. *7.00-17.00*

Manny's

80 P. 124 **C3**

Otros locales ofrecen café pero este sirve a la comunidad, con espectáculos de comedia y foros sobre temas candentes en SF, desde el clima hasta el cannabis. *8.00-20.00 lu-vi, desde 9.00 sa y do*

Comprar

Libros

Adobe Books & Arts Coop

81 P. 122 **B5**

Ficción recién publicada, libros de arte de edición limitada, libros de cocina raros, poesía muy hojeada, fiestas de lanzamiento de fanzines, noches de comedia e inauguraciones de arte. *12.00-19.00*

Medicine for Nightmares

82 P. 122 **C5**

Librería bilingüe y centro comunitario con títulos bilingües nuevos y usados delante, exposiciones de arte local y eventos en la parte trasera, como *jazz* en vivo gratuito, lecturas de poesía multilingües y charlas de historia sobre Howard Zinn. *12.30-22.00 ma-ju, hasta 23.00 vi y sa, hasta 21.00 do y lu*

826 Valencia

83 P. 124 **C5**

Para suministros piratas y/o ideas recién publicadas, se puede contar con esta ONG para obtener catalejos y las últimas publicaciones de McSweeney. También ofrecen tutorías a jóvenes sobre asistencia de ventas. *12.00-18.00*

Dog Eared Books

84 P. 124 **C5**

Cuidadas selecciones de autores locales, novelas gráficas y fanzines. Se pueden vender lecturas de vacaciones terminadas y conseguir libros nuevos y usados. *10.00-22.00*

Creadores de Mission

Nooworks

85 P. 124 **B2**

Los monos, blusas y vestidos de verano hechos en SF para todos los géneros son éxitos de Instagram con ediciones limitadas, con estampados diseñados por artistas locales; los estantes de atrás están llenos de prendas rebajadas. *11.00-19.00*

Open Editions

86 P. 124 **C5**

Ropa deportiva artística diseñada por artistas locales: sudaderas con capucha con estampados de acorazados de Stephanie Syjuco, gorras *Sigh*Twombly de Mitsu Okubo, pañuelos con las florituras tipográficas de Bob Aufuldish de 1996. *11.00-19.00*

Gravel & Gold

87 P. 124 **C6**

Para reencontrarse con la naturaleza y las raíces *hippies* de California con ropa californiana cómoda sostenible: vestidos vaporosos, blusas de algodón estampadas a mano. *12.00-19.00*

Ian James

88 P. 124 **B2**

Casi todos los días Ian confecciona elegantes bolsos de cuero en su estudio con escaparate, con un patrón en X característico y costuras sutiles en contraste, además de ingeniosos tarjeteros para las salidas nocturnas en Mission. *12.00-18.00 ju-do*

Heath Ceramics & Newsstand

89 P. 122 **C2**

La fuente de cerámica artesanal que se ve por los mejores restaurantes de SF, con las líneas originales de mediados de siglo y colores nuevos de la ceramista Edith Heath, además de puestos temporales de artesanos locales. *10.00-18.00*

Sugerencias de lugares para comer, beber y comprar en **p. 152**

Por Dylan Lalanne-Perkins

Explora Castro

Este es el barrio gay. Las banderas arcoíris saludan alegres en el principal destino cultural LGTBIQ+ del mundo, hogar espiritual de los Club Kids, los activistas profesionales, los maduros con barba y las estrellas *drag*. La vida nocturna de Castro es legendaria en la ciudad, pero al salir el sol, el barrio brilla más: salir a plena luz del día es una libertad por la que luchó esta comunidad, y la disfruta a fondo, sobre todo el fin de semana, cuando vienen multitudes a observar gente, comprar y beber. El pequeño barrio bajo la gigantesca bandera arcoíris es un símbolo global de libertad.

Cómo desplazarse

Tren

Los trenes K, L y M del metro circulan bajo Market St hasta la estación Castro. Los trenes J van por Church St desde el Downtown hasta 18th St y más allá.

Funicular

Los funiculares antiguos circulan por la línea F-Market, de Fisherman's Wharf a Castro St.

Autobús

El bus n° 24 conecta Castro con la bulliciosa Divisadero St, y el n° 33 va a Haight y Mission.

★ LO MEJOR

VISTAS DE LA CIUDAD
Corona Heights Park (p. 148)

MÚSICA EN VIVO
Café du Nord (p. 147)

MUSEO
GLBT Historical Society Museum (p. 149)

PISTA DE BAILE
QBar (p. 153)

COCINA CALIFORNIANA
Frances (p. 153)

Castro St (p. 144).
V_E/SHUTTERSTOCK

A
B
C
D
1
2
3
4
5
6
0
400 m
Más información
Experiencias p. 146
Comer p. 152
Beber p. 153
Comprar p. 155
Buena Vista Park
Buena Vista Ave E
Buena Vista Tce
Alpine Tce
Divisadero St
14th St
Henry St
Castro St
15th St
Roosevelt Way
COLE VALLEY
Corona Heights Park
13
Beaver St
Museum Way
Randall Museum
14
States St
Flint St
16th St
Art House SF
6
37
55
Ord St
Douglass St
Saturn St
Pink Triangle Memorial
18
17th St
Harvey Milk Plaza
Castro Theatre
Fabulosa Books
Market St
Diamond St
48
18th St
Véase ampliación
Queer Arts Featured
11
51
33
Eureka St
Eureka Valley Recreation Center
Collingwood St
Caselli Ave
Mansión de Nobby Clarke
12
16

E
F
G
H
1
2
3
4
5
6
Walter St
Market St
14th St
Church St
The Academy SF
8
Swedish American Hall y Cafe du Nord
10
Henry St
Noe St
CASTRO
15th St
Dolores St
Church St
Sanchez St
Flore Dispensary
9
28
25
19
The Hope for the World Cure
45
46
47
23
27
52
16th St
24
26
29
30
Pond St
Prosper St
17th St
Ford St
Noe St
18th St
7
MAG Galleries
41
20
Gear Up
Hancock St
19th St
0
50 m
Castro St
17th St
38
40
3
34
54
Market St
4
Harvey Milk Plaza
35
Jane Warner Plaza
22
1
Castro Theatre
36
Castro St
39
CASTRO
53
17
Strut
50
5
Fabulosa Books
21
31
32
49
44
43
18th St
2
Rainbow Honor Walk
42
15
GLBT Historical Society Museum
56

CIRCUITO A PIE

Un paseo por Castro

Las mañanas son tranquilas, pero Castro cobra vida por la tarde y noche, sobre todo los fines de semana, cuando la gente acude a observar a la gente, comprar y pasar el rato en bares gay. Por la noche, fiesteros semidesnudos y cinéfilos formalitos se mezclan en las amplias aceras de Castro.

INICIO	FINAL	DURACIÓN
Twin Peaks Tavern	Ventana de las Barbies	0,48 km; 10 min

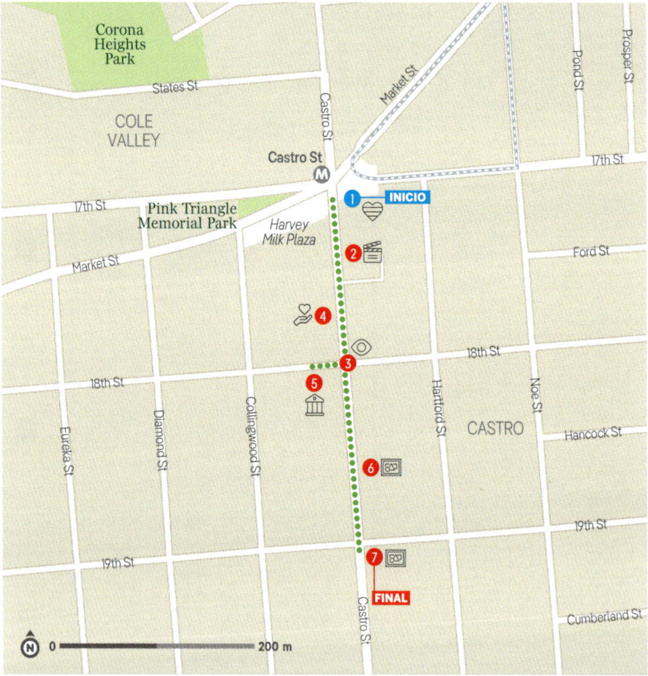

1 Twin Peaks Tavern

Nada más llegar a Castro, las antiguas flechas arcoíris de neón señalan el camino a la **Twin Peaks Tavern** (p. 154), inaugurada en 1935, que se convirtió en el primer bar gay del mundo con ventanas a la calle en 1971. Se puede brindar por el Orgullo en la barra de madera tallada, o conseguir un sitio junto a la ventana para observar a la gente.

2 Castro Theatre

La marquesina del **Castro Theatre** (p. 146) da la bienvenida con sus luces de neón. Los diseños *art déco* de 1922 del arquitecto Timothy Pflueger se estaban restaurando en el momento de redactar esta guía, aunque los planes de retirar las butacas de terciopelo originales del cine han generado debate. Las colas dan la vuelta a la manzana para ver estrenos de películas, leyendas *drag* y comediantes LGTBIQ+ de primera.

3 Rainbow Honor Walk

Cuidado al ir por Castro St: uno podría pisar a Virginia Woolf o a James Baldwin. Están entre los 68 iconos pioneros LGTBIQ+ que aparecen en placas de bronce en las aceras del **Rainbow Honor Walk** (p. 146).

4 Strut

Hoy nadie imaginaría lo vacía que estaba la hoy concurrida Castro St durante la epidemia del sida. En 1982 se creó la San Francisco AIDS Foundation para tomar medidas preventivas y establecer estándares globales de atención humanitaria. Hoy brinda a la ahora próspera comunidad servicios de salud gratuitos y de bajo coste en **Strut** (p. 151). Si no es un fin de semana concurrido, se puede pasar a agradecer a los voluntarios su trabajo.

5 GLBT Historical Society Museum

Hay que desviarse un poco para ver el **primer museo gay de EE UU** (p. 149), que relata momentos de orgullo y desafíos históricos mediante historias y objetos, como los zapatos gastados que llevó Harvey Milk en las marchas por los derechos civiles, la bandera arcoíris de 1978 cosida a mano por Gilbert Baker y la indumentaria para el escenario del divo de la música disco Sylvester.

6 Castro Camera de Harvey Milk

Por los pasos peatonales arcoíris se pasea hasta **Queer Arts Featured** (p. 148), la tienda de cámaras de Harvey Milk que aparece en la película biográfica ganadora del Óscar, *Milk*.

7 Ventana de las Barbies

Ningún recorrido por Castro estaría completo sin echar un vistazo a la **ventana de las Barbies,** con Barbies trans y Billy Dolls, una alternativa gay a Ken que es más que anatómicamente correcto. Las muñecas llevan (bueno, algunas) trajes escandalosos y forman filas de protesta, con pancartas incluidas.

EXPERIENCIAS

Un espectáculo en el teatro 'art-déco' Castro

OCIO

PLANO: 1 P. 142 **G5**

Se sigue el camino de baldosas amarillas hasta el **Castro Theatre** *(castrotheatre.com)*, con su marquesina que da la bienvenida al legendario barrio gay. La fachada barroca insinúa el ornamentado interior: la decoración hispano-morisco-asiática del arquitecto Timothy Pflueger supuestamente inspiró el plató de *El mago de Oz*.

Durante más de un siglo, este escenario ha acogido variedades de estrellas *drag*, comedia *queer* y estrenos de festivales de cine, incluido el mayor festival de cine LGTBIQ+ del mundo, Frameline. Todo comienza en Castro cuando se eleva el imponente órgano (no es un eufemismo) que interpreta melodías del espectáculo y se anima al público a cantar a coro el himno de Judy Garland *San Francisco*. En los actos con participación del público, se entregan kits con barritas luminosas, pomperos y matracas para acentuar los momentos más dramáticos de la película.

En el 2025 se culminó una completa renovación y restauración.

PASEO DEL HONOR ARCOÍRIS

Paseando por Castro, siempre se está en buena compañía. A lo largo de Market St y Castro St, las placas doradas en la acera del **Rainbow Honor Walk** rinden homenaje a los héroes LGTBIQ+, con un total de 68 pioneros que marcan el camino a seguir. Cuidado con pisar al gigante literario James Baldwin, a la Nobel Jane Addams, o a iconos locales como el activista trans Lou Sullivan y la emperatriz absoluta de San Francisco, José Sarria, fundador del Sistema de la Corte Imperial.

PLANO: 2 P. 142 **G6**

Observar a la gente en la Plaza

AIRE LIBRE

Se sigue el camino de baldosas amarillas hasta la **Jane Warner Plaza** (PLANO: 3 P. 142 **H4**), llamada así por la pionera policía lesbiana que patrullaba Castro. Los funiculares históricos, que parecen trenes de juguete de colores, hacen aquí su última parada, dan un giro perfecto y vuelven a Fisherman's Wharf. Los asientos con arcoíris y el peculiar arte público son ideales para observar a la gente, y hasta se ve fugazmente a nudistas de Castro en días soleados, obligados legalmente a taparse con calcetines estratégicamente colocados. Al otro lado del arcoíris (cruzando la calle) está la **Harvey Milk Plaza** (PLANO: 4 P. 142 **G4**), donde ondea una enorme bandera arcoíris.

Visitar Fabulosa Books, una librería legendaria LIBRERÍA

PLANO: 5 P. 142 **G5**

Fiel a su nombre ("fabulosa" se decía en polari, la jerga gay del teatro del s. XIX) la librería **Fabulosa Books** (*fabulosabooks.com*) ofrece una selección tan colorida como los pasos peatonales arcoíris de Castro. Con una ecléctica mezcla de géneros, que abarca de lo lésbico a la ciencia ficción con enfoque de género, promueve un espíritu inclusivo, ofreciendo literatura que representa todas las identidades (incluida la heterosexual). Tanto si uno rebusca entre revistas antiguas un fanzine punk o una revista retro de piel, como si explora una muestra de obras maestras literarias olvidadas, encontrará algo que no sabía que le encantaba. Las lecturas de autores aquí atraen a personajes locales, y Books Not Bans, una ONG que envía libros LGTBIQ+ a comunidades de todo el país con acceso restringido, trabaja desde el armario (literal) de la parte trasera.

Recorrer galerías durante el Castro Art Walk EVENTO

Se puede ver lo que la comunidad creativa de Castro ha estado ideando en el **Castro Art Walk** (*castroartwalk.com; gratis*), que se celebra mensualmente el primer viernes de cada mes de 17.00 a 20.00. Se puede ir de **Art House SF** (PLANO: 6 P. 142 **D4**; *arthousesf.com*) a **MAG Galleries** (PLANO: 7 P. 142 **F5**; *mag-galleries.com*) y a la colección de negocios del barrio que se han transformado en exposiciones de arte donde se muestra el talento local. El club social LGTBIQ+ solo para miembros **The Academy SF** (PLANO: 8 P. 142 **F2**; *academy-sf.com*) abre sus puertas al público amante del arte, y el **Flore Dispensary** (PLANO: 9 P. 142 **E3**; *floredispensary.com*) muestra obras en el escaparate bajo el cartel de "marihuana *queer*". Para consultar la lista completa de los negocios y artistas locales participantes cada mes, consultar el sitio web del Art Walk.

Escuchar música 'indie' en el clandestino Cafe du Nord MÚSICA EN DIRECTO

PLANO: 10 P. 142 **F2**

Castro era conocido antiguamente como la Pequeña Escandinavia por los marineros que atracaban aquí, y el secreto de su espíritu comunitario residía en el bar clandestino que había en el sótano de su sala de reuniones local desde 1907. Hoy el renovado bar clandestino **Cafe du Nord** (*cafedunord.com; entradas 18-35 US$*) es un evocador punto de encuentro de cantautores, que acoge a artistas prolíficos como Cat Power, Bon Iver y St Vincent, mientras que

LA LOCURA DE NOBBY CLARKE
La peculiar **mansión de Nobby Clarke,** que destaca por sus numerosas torretas, gabletes y un singular diseño de tejas en el tejado, fue construida en 1892 por Alfred E. Clarke, un abogado que amasó una fortuna con métodos dudosos. En busca de un tiempo más soleado que el que ofrecía la elegante Nob Hill, se gastó millones de dólares actuales (el coste típico de la vivienda en el SF moderno pero un gasto inaudito para la época) en construir esta mansión barroca estilo Reina Ana, que quedó deshabitada tras la construcción cuando su mujer se negó a mudarse. La alta sociedad de "Snob Hill" la apodó "la locura de Nobby Clarke".
PLANO: 12 P. 142 **B6**

el **Swedish American Hall** *(swedishamericanhall.com)* de la planta superior organiza presentaciones de artistas *indie* emergentes de folkYEAH. Algunas noches al mes, resuenan risas bajo el nivel de la calle cuando los comediantes se apoderan del íntimo escenario para una noche de monólogos, con algunos espectáculos para todas las edades, aunque la mayor parte son para mayores de 21 años.

Ver arte LGTBIQ+ en Queer Arts Featured — GALERÍA

PLANO: 11 P. 142 **D6**
No es ningún secreto que Castro es *queer;* después de todo, este barrio alberga la galería y espacio comercial dirigido por artistas **Queer Arts Featured** *(queerartsfeatured.com).* Ubicado en el histórico local donde estaba Castro Camera de Harvey Milk, y que más recientemente fue el centro de la Campaña por los Derechos Humanos, Queer Arts Featured mantiene este legado celebrando y promoviendo a artistas locales de todo el espectro LGTBIQ+. Venden barajas de tarot con iconos *queer* de toda la historia (Oscar Wilde recostado en un trono de mármol es la Justicia, mientras que los manifestantes de ACT UP son la transformadora carta de la Muerte), y alimentan la imaginación con una noche de historias *queer,* donde cualquiera puede traer una lectura para compartir o simplemente escuchar.

Subir a Corona Heights — PARQUE

PLANO: 13 P. 142 **B3**
San Francisco tiene muchas vistas impresionantes, una recompensa por las cuestas que hay que subir. Para puestas de sol románticas con vistas desde Castro hasta la bahía, hay que escalar las rocas rojas de la colina de 158 m en el **Corona Heights Park.** Al mirar al sureste al atardecer se ven las luces arcoíris de Castro. Viene

bien una chaqueta para cuando llega la niebla.

Descubrir maravillas científicas

MUSEO

PLANO: 14 P. 142 **B3**

Mientras los adultos descansan, los niños de ocho años hacen descubrimientos científicos en el **Randall Museum** *(randallmuseum.org; gratis)*, en lo alto del Corona Heights Park. Después de que Josephine Randall se convirtiera en una zoóloga pionera de Stanford en 1910, convirtió una cárcel en un centro de ciencia y artes para niños cuando fue la primera superintendente de Parques y Recreo de San Francisco. Destacan los punteros laboratorios de ciencia y tecnología, los talleres de carpintería y cerámica, un hábitat para 100 animales callejeros y heridos, y trenes de juguete Lionel que recorren el extenso Golden Gate Model Railroad. En el sitio web anuncian los inspiradores talleres prácticos, a menudo disponibles sin reserva.

Viaje en el tiempo por la historia pública 'queer'

MUSEO

PLANO: 15 P. 142 **G6**

El primer museo de historia *queer* de EE UU, el **GLBT Historical Society Museum** *(glbthistory .org; entrada 10 US$)* exhibe un siglo de objetos LGTBIQ+ de San Francisco, como la literatura de campaña de Harvey Milk y carteles de Keith Haring instando a SF a actuar para combatir el sida, junto con exhibiciones que destacan la cultura y los movimientos *queer* a lo largo de

INFORMARSE SOBRE LO QUE SE CUECE EN CASTRO

'Bay Area Reporter'
Si uno no encuentra un ejemplar gratuito de este periódico de la comunidad LGTBIQ+ con carteleras de eventos estelares en cafés o librerías de Castro, puede buscar los últimos números y archivos desde 1971 en *ebar.com*.

Tablón de anuncios
Se puede consultar el tablón de anuncios al aire libre en la esquina de 18th St con Castro St para ver qué se cuece en Castro: fiestas del circuito, eventos *drag* para recaudar fondos para fines políticos, bandas que buscan guitarristas y, un clásico, contactos perdidos, que documentan encuentros breves y anónimos de todo tipo.

Folletos
Cada poste de la calle principal está cubierto con coloridos carteles de gran variedad de eventos, como una noche transtemporal para los amantes del género, una fiesta de baile de vaqueros contra extraterrestres o un tributo a David Lynch (Mulholland Drag).

la historia. Desde 1985 la GLBT Historical Society, que patrocina el museo, se ha dedicado a recopilar y preservar la historia de la comunidad. Las visitas aquí son experiencias que unen a la comunidad LGTBIQ+ y a los defensores de los derechos civiles, con conmovedoras historias multimedia que comparten profundas luchas y una alegría *queer* pura. La tienda del museo tiene libros bien documentados, carteles de acontecimientos históricos, como el Gay-In de 1970, e imanes para nevera que evocan las palabras de Harvey Milk: "Tienes que darles esperanza".

Deslizarse por toboganes de hormigón en el Seward Mini Park PARQUE

PLANO: 16 P. 142 **B6**

Se pueden subir empinadas cuestas hasta el **Seward Mini Park** y bajar por uno de los toboganes de hormigón escondidos de la ciudad. Diseñados por un estudiante de secundaria local, ganador de un concurso organizado por la escultora Ruth Asawa, los **toboganes de Seward St** llevan entreteniendo a generaciones desde 1973. Hace falta cartón para los descensos (suele haber un montón junto a los toboganes). Para ir más rápido, es mejor llevar papel encerado, e ir con pantalones resistentes. Hay que llevar a los niños: un cartel del parque dice: "Prohibido el acceso a adultos sin niños". A los vecinos no les gusta el ruido, pero a veces es inevitable...

Aprovechar la noche MERCADO

Cada tercer viernes de mes de 17.00 a 22.00, el barrio se viste de gala para el **mercado nocturno de Castro** (*castronightmarket .com*), una muestra de negocios *queer* de Castro que celebran la comunidad y apoyan la economía local. Los puestos se alinean en 18th St entre Collingwood y Hartford, y venden productos hechos a mano: jarrones de cerámica con una antigua estética grecorromana (con falos intactos), cestas de fresas hechas con ganchillo, bolsas adornadas con portadas clásicas de novelas *pulp*, y pequeños artículos y complementos de cuero, como osos de peluche con atuendos de *bondage*. Los puestos de comida llenan el aire con el aroma de hamburguesas *gourmet* de inspiración latina, ceviches de fusión peruana y helado infusionado con té. En el escenario, los DJ pinchan ritmos de baile y unos bailarines gogó con alas de hada atraen a la multitud.

Cuidados que salvan vidas y arte vital ATENCIÓN MÉDICA

PLANO: 17 P. 142 **G5**

En las décadas de 1980 y 1990, la epidemia del sida devastó Castro, pero en medio de esas pérdidas incalculables, la comunidad se organizó. El resurgimiento del barrio es un testimonio de la innovadora atención médica impulsada por organizaciones comunitarias como la San Francisco AIDS Foundation, la ONG que hay detrás de **Strut** *(sfaf.org)*. Este emblemático centro de salud y bienestar ofrece servicios gratuitos y de bajo coste para todos, incluidos la profilaxis PrEP, cribados de salud, terapia sin cita, tratamiento para el abuso de sustancias, y grupos de apoyo. Hace falta documento de identidad y se garantiza la privacidad. Se puede reservar o esperar para los servicios clínicos sin cita.

Una vez al mes los vítores y silbidos estallan tras las enormes puertas de vidrio del centro: cada tercer martes, Strut organiza la noche de micrófono abierto más singular y bulliciosa de la ciudad. Además, esta organización de salud tiene un calendario de eventos rotativo que rivaliza con el de cualquier bar gay: Beyond Binary, una tarde de arte y actividades para personas intersexuales y no binarias cada tercer lunes; inauguraciones en la galería de arte; y lecturas teatralizadas de obras de teatro.

EL MEJOR ARTE PÚBLICO

Pink Triangle Memorial (Parque Conmemorativo del Triángulo Rosa)

PLANO: 18 P. 142 **C5**

Columnas triangulares de granito que brotan de la hierba y en el centro, un triángulo lleno de cuarzo rosa, dedicado a las miles de vidas *queer* perdidas durante el Holocausto.

'The Hope for the World Cure' (La esperanza de la cura mundial)

PLANO: 19 P. 142 **E3**

Este mural cuenta una historia caleidoscópica sobre el caos de la epidemia del sida y la solidaridad de la comunidad *queer* global.

'Gear Up' (Prepárate)

PLANO: 20 P. 142 **E5**

El mural de Serge Gay Jr simboliza a una persona que prepara su armadura para una marcha por las calles: la cazadora de cuero negro tiene chapas y parches que reflejan el movimiento pro derechos civiles, los derechos de las mujeres, los derechos LGTBIQ+ y el movimiento Black Lives Matter, además de los rostros de Marsha P. Johnson, James Baldwin y Malcolm X.

SUGERENCIAS

Lo mejor para...

Localizaciones en el plano de la **p. 142**

$ Económico $$ Medio $$$ Alto

Comer

Café y pasteles

Poesia Cafe $
21 H5
Productos locales e importaciones italianas combinadas en mantecosos cruasanes y *focaccia* tradicional, y un *espresso* buenísimo. *8.00-18.00 do, hasta 17.00 lu, 7.30-17.00 ma-ju, 7.30-18.00 vi y sa*

Cafe de Casa $
22 H4
Café brasileño tostado y colorida comida brasileña que combina con el espíritu arcoíris de Castro: el bocadillo de *pão de queijo* (pan con queso) es genial. *8.00-18.00 lu-sa, hasta 17.00 do*

Thoroughbread & Pastry $
23 G2
Bizcocho de chocolate caliente, *fougasse* de aceitunas y bocadillos de masa madre: pasteles con pedigrí, creaciones de Michel Suas, galardonado con una estrella Michelin y fundador del SF Baking Institute. *8.00-16.00 mi-vi, hasta 17.00 sa y do*

'Brunch' y almuerzos informales

Kitchen Story $$
24 F3
Los revueltos de inspiración coreana y el grueso Millionaire's Bacon hacen de este uno de los mejores locales de *brunch* de SF; hay que ir temprano. *9.00-14.00 lu-vi, hasta 14.30 sa y do*

Dinosaurs Sandwiches $
25 E3
Los enormes *banh mi* calman el hambre con ternera, pollo con citronela, champiñones o cerdo con paté sobre crujiente *baguette* con guarniciones. *10.00-19.00*

Gai Chicken Rice $$
26 F3
El tierno pollo escalfado al estilo de Hainan es de corral, acompañado de arroz jazmín o integral cocinado en caldo de pollo. La contundente sopa repone y el café vietnamita es delicioso. *11.00-21.00*

Beit Rima $$$
27 G1
Cerveza palestina y comida árabe: pierna de cordero braseada de Gaza, *shakshuka*, y *mezze* clásicos como *hummus* con mucho limón. *11.00-21.00 do y ma-ju, hasta 21.30 vi y sa*

Fisch & Flore $$$
28 E3
Para disfrutar de mariscos frescos y observar a todos los gais pasar desde la terraza soleada en la esquina más animada del barrio. *11.00-22.00 vi-do*

Para cenas acogedoras y citas nocturnas

Starbelly $$$
29 E3
Todos los sabores soleados y el ambiente relajado que uno espera de California. La hamburguesa con queso azul Point Reyes de Starbelly es la mejor de Castro, sobre todo con *bacon* casero. *11.30-21.00 lu-ju, hasta 22.00 vi, 10.00-22.00 sa, 10.00-21.00 do*

Frances $$$

30 E4

Los menús de temporada exhiben sabores y texturas exquisitos: pastas caseras, jugosos filetes, pastel de leñador con dátiles, además de vinos italianos de primera y vinos californianos de culto. Los menús degustación tienen una excelente relación calidad-precio (desde 65 US$). *17.15-21.15 ma-sa*

Poesia $$$

31 H5

Osteria con ventanal para relajarse y disfrutar de pastas caseras y excelentes vinos italianos DOC por copas. Si se llega antes de las 18.30 hay un 50% de descuento en negronis y *spritz* Aperol en la *happy hour*, además de *crostini* a precio de ganga. Oprah cenó aquí cuando visitó Castro. *17.00-21.30*

Blind Butcher $$$

32 H5

Los asientos íntimos y la iluminación tenue hacen de este un lugar popular para citas nocturnas para los amantes de la carne (¡el mejor filete de Castro!) y para vegetarianos. *17.00-22.00 lu-vi, 11.00-15.00 y 17.00-22.00 sa y do*

Anchor Oyster Bar $$$

33 D6

Desde 1977 sigue siendo el punto de referencia de Castro para ostras locales sostenibles, cangrejo Dungeness y el famoso *cioppino* (guiso de marisco) de SF. Sin reserva: uno se pone en la lista, y se relaja con una copa de vino hasta que lo llamen. *14.00-20.00 ju-lu*

Delicias nocturnas

Orphan Andy's $$

34 H4

Local llamativo que sirve autenticidad retro junto con un amplio repertorio de platos clásicos de cafetería. *24 h*

Hot Cookie $

35 G4

Delicias fálicas recién horneadas de masa firme para *macaron* bañadas en chocolate blanco o negro, y chicos guapos posando con ropa interior de marca llamativa. *11.00-23.00 do-ju, hasta 2.00 vi y sa*

Beber

Gay Clubs

440 Castro

36 G5

Los 2x1 de los Woody Wednesdays y la fiesta de ropa interior de los lunes atraen a osos (el término se acuñó en SF) y Peter Pans por igual, pero si uno cree que el concurso de la Batalla del Bulto del 440 tiene que ver con la II Guerra Mundial, este no es su bar. *12.00-2.00*

Beaux

37 D4

El club confitería de Castro sirve todos los sabores gais, desde los Pan Dulce Wednesdays a las gogós de los Manimal Fridays o los *brunches drag* aptos para heteros (con reserva). *15.00-2.00 lu-vi, desde 12.00 sa y do*

The Cafe

38 G4

Con un mural de Harvey Milk y una pista de baile iluminada de arcoíris, es el lugar ideal para organizar una fiesta de presentación. Las fiestas van de los jueves latinos picantes a los sábados de azúcar lésbico. *22.30-2.00 ju, desde 20.00 vi, desde 21.00 sa*

QBar

39 G5

Veinteañeros decididos se contonean y gritan al ritmo de remezclas pop en la abarrotada pista de baile, mientras los fumadores ligan en la terraza. Los ajetreados camareros mezclan Dirty Martinis y Lemon Drops, si se les pide amablemente. *21.00-2.00 lu-mi, hasta 1.00 ju, 17.00-2.00 vi-do*

Bares gay históricos

Twin Peaks Tavern

40 G4

El primer bar gay del mundo con ventanas a la calle. Se puede conseguir un asiento al aire libre en las tardes soleadas para observar a la gente, acomodarse en la barra victoriana de madera tallada para tomar un cóctel, o sentarse en un reservado para reseñar los espectáculos de Castro con una copa. *12.00-2.00*

Moby Dick

41 E5

La pecera sobre la barra es hipnótica: algo sobresale del coral, y desde luego no es un pez. El cartel se lleva fotografiando desde 1977. Solo aceptan efectivo. *12.00-2.00*

Midnight Sun

42 H6

"Al servicio de Castro desde hace más de 50 años": Midnight Sun hace honor a su lema a diario con un flujo constante de buenas vibraciones y bebidas fuertes (2x1 hasta las 21.00 a diario). *14.00-24.00 lu-mi, hasta 2.00 ju y vi, 13.00-2.00 sa, 12.30-24.00 do*

Bares de barrio

Toad Hall

43 G6

Su nombre hace referencia a un famoso bar gay de Castro de la década de 1970, que aparece en la película *Milk*, y la barra de delante parece un tugurio suburbano de esa época. *16.00-2.00 lu-ju, desde 15.00 vi, 14.00-2.00 sa, 13.00-2.00 do*

Mix

44 H6

Haciendo honor a su nombre, ofrece un arcoíris de coloridos personajes del barrio: aclamadas dramaturgas lesbianas, campeonas del AIDS LifeCycle y *drag queens* en su tiempo libre. El bar es acogedor y sociable, y la acción está en la terraza para fumar. *12.00-2.00 lu-sa, desde 7.00 do*

Aficionados al deporte y amantes de los deportistas

Lookout

45 E3

En este bar de azotea, en Market St, se reúne la gente después de entrenar en el mayor gimnasio de Castro. Se puede tomar una copa y escuchar a jugadores de *rugby* desnudos en Jock, la fiesta benéfica dominical para equipos deportivos LGTBIQ+. *15.30-24.00 ma y mi, hasta 2.00 ju y vi, 12.00-2.00 sa, 13.00-24.00 do*

HiTops

46 F3

En el primer bar deportivo gay de Castro, uno puede vestirse con los colores del arcoíris y del equipo. Los TV de pantalla gigante y los enormes tentempiés crean el ambiente perfecto para conectar al instante, y la clase de gimnasia de los jueves intensifica las bromitas de vestuario con chicos gogó. *12.00-24.00 lu-ju, hasta 00.30 vi y sa, 11.00-24.00 do*

Cócteles, cervezas artesanas y vino

Blackbird

47 G2

Tinturas misteriosas y amargos caseros convierten cócteles creativos en pociones irresistibles en este acogedor bar de barrio. *17.00-23.00 lu, hasta 24.00 ma-ju, 16.00-2.00 vi, 14.00-2.00 sa, 14.00-23.00 do*

Lobby Bar

48 C5

Taberna *retroglam* ubicada en la planta baja del Hotel Castro, que sirve cócteles exclusivos tanto para visitantes como para clientes habituales del barrio. *15.00-22.00 do, 17.00-23.00 mi y ju, 17.00-24.00 vi, 16.00-24.00 sa*

Copper Bar

49 G6

Lugar acogedor cubierto de cobre que ofrece comida de bar elegante y cervezas artesanas únicas. Hay degustaciones de todo: de Copper IPA a Castro Cream. *16.00-23.00 lu-mi, desde 11.00 do y ju, 16.00-1.00 vi y sa*

Blush!

50 G5

Uno puede relajarse en los sofás de terciopelo rojo y tomar una copa en la *happy hour* (50% de descuento hasta las 18.00 lu-vi) con lecturas del tarot y música en vivo. *16.00-24.00 lu-ju, hasta 1.30 vi, 15.00-1.30 sa, hasta 24.00 do*

Swirl

51 D6

Aquí uno puede ir tal como es, con traje a rayas o de cuero, gay, heterosexual o lo que sea: este bar-vinoteca tiene un atractivo universal y botellas deliciosas. *11.30-21.00*

Comprar

Para él y menaje

Apothecarium

52 H1

Esta tienda de vidrio esmerilados es el dispensario de marihuana mejor diseñado de EE UU, según *Architectural Digest.* Se puede consultar con personal experto sobre qué tomar para llegar al estado deseado; luego se puede apreciar el arte local en sofás de diseño (solo mayores de 21 años). *9.00-21.30*

Cliff's Variety

53 G5

Los maestros ferreteros de esta tienda de 1936, famosa por sus escaparates, no levantarán una ceja si uno expresa una necesidad imperiosa de un frasco de monjas de goma, pintura corporal plateada o altísimas pelucas rosas. *10.00-18.30*

Local Take

54 H4

Se puede admirar el paisaje local con un grabado de la marquesina del Castro Theatre, una camiseta de la línea F del funicular o una hebilla de cinturón con planos antiguos de Muni, y apoyar la economía creativa de SF. *11.00-19.00*

Stag & Manor

55 D4

Esta *boutique* de diseño independiente permite llevarse el estilo de Castro a casa: faroles de bolas de latón para dar la bienvenida a los invitados y cojines de comercio justo para mostrar a los ligues lo considerado pero tranquilo que es uno. *12.00-18.00 ma y sa, hasta 17.00 mi, vi y do, hasta 18.30 ju*

Librerías

Omnivore Books

56 G6

Libros de cocina firmados por la chef y leyenda Alice Waters, títulos especiales que hablan de antiguas dietas filipinas, métodos de conservación libaneses y aguardiente casero, y eventos con chefs estrella y celebridades de la gastronomía como Michael Pollan. *11.00-18.00 lu-sa, 12.00-17.00 do*

Fabulosa Books

véase 5 G5

Para disfrutar de una lectura vacacional a tono con el paisaje, se puede ir a la librería independiente de Castro, con una amplia selección de literatura de SF y novelas LGTBIQ+ censuradas en otros lugares. El tablón de anuncios al fondo informa sobre eventos literarios y activismo local. *10.00-21.00 do-vi, hasta 22.00 sa*

Sugerencias de lugares para comer, beber y comprar en **p. 169**

Por Dylan Lalanne-Perkins

Explora
Haight y Hayes Valley

En la década de 1960, jóvenes de todo el país acudieron a Haight y Ashbury, atraídos por la música psicodélica y las comunas de amor libre. Se autodenominaban *freaks* y *flower children* y el columnista del *San Francisco Chronicle,* Herb Caen, los apodó *hippies*. Upper Haight se ha aferrado a sus raíces: los *hippies* recuerdan sus días de gloria, mientras sus familiares adolescentes fingen no conocerlos, y los practicantes de la *new age* se abastecen de cristales purificadores de chakras. En Lower Haight, el ambiente es más tranquilo: la gente pasea sus perros y los ciclistas esquivan las empinadas cuestas. Al lado, en Hayes Valley, monjes zen y leyendas del *jazz* pasean entre *boutiques* de diseñadores y buenos restaurantes.

Cómo desplazarse

Autobús
Los buses n° 6 y 7 recorren Haight St, y conectan el Downtown con el Golden Gate Park. El n° 22 une Lower Haight con Mission y Marina, y el n° 43 conecta Upper Haight con Marina.

Muni
La estación Van Ness está una manzana al este de Hayes Valley, y ofrece líneas de Muni por toda la ciudad. La línea N atraviesa Lower Haight y continúa hasta Ocean Beach.

BART
La estación Civic Center está cuatro manzanas al este de Hayes Valley, con trenes a Mission y East Bay.

Edificios coloridos, Haight-Ashbury (p. 161).
MICHAEL WARWICK/SHUTTERSTOCK

LO MEJOR

MÚSICA EN DIRECTO
SFJAZZ Center (p. 167)

ARTE
Haight Street Art Center (p. 165)

ACTIVIDADES FAMILIARES
Church of 8 Wheels (p. 166)

AVENTURA
Wiggle (p. 165)

ESPACIO COMUNITARIO
Patricia's Green y PROXY (p. 168)

CIRCUITO A PIE

'Flashback' en Haight Street

Los *flashbacks* son habituales en Haight St; la niebla trae con el viento el aroma a los dispensarios legales de marihuana y los teñidos anudados e ideales *hippies* nunca han pasado de moda. En Upper Haight están las coloridas casas históricas donde vivieron y amaron libremente estrellas del *rock*.

INICIO	FINAL	DURACIÓN
Buena Vista Park	Golden Gate Park	2,1 km; 1 h

1 Buena Vista Park

Se comienza en el **Buena Vista Park** (p. 163), con vistas de la ciudad. Se pueden recorrer senderos que serpentean cuesta arriba y tomar Buena Vista Ave West de regreso para ver mansiones victorianas que sobrevivieron al terremoto e incendios de 1906, y el auge de las comunas *hippies* durante el Verano del Amor de 1967.

2 Bound Together Anarchist Book Collective

Yendo al oeste por Haight St, se ve a Emma Goldman en el mural *Anarquistas de América* del **Bound Together Anarchist Book Collective** (p. 165); el personal recomienda cómics biográficos para entrar en materia.

3 Symbionese Liberation Army House

Los vecinos veteranos del barrio afirman que el **Ejército Simbionés de Liberación** tuvo un piso franco en 1235 Masonic Ave para la heredera secuestrada y convertida en ladrona de bancos revolucionaria Patty Hearst.

4 Casa de Grateful Dead

Al igual que los supervivientes de Grateful Dead, el edificio victoriano de **710 Ashbury** parece un poco gris, pero en el Verano del Amor, fue aquí donde la banda dejó atónitos a todos. Tras una redada antidrogas en 1967, los Dead dieron una rueda de prensa aquí abogando por la despenalización de la marihuana.

5 Casa de Janis Joplin

El edificio rosa de **635 Ashbury St** es una de las muchas direcciones conocidas de Janis Joplin, quien tuvo dificultades para conservar sus contratos de alquiler en la década de 1960 pero, como ella cantaba: *"Libertad es solo otra palabra para decir que no hay nada que perder"*.

6 Haight-Ashbury

En la esquina de **Haight-Ashbury** (p. 161), el reloj siempre marca las 16.20, conocida en "Hashbury" como la Hora Internacional de la Calada. Para los 'viajes' que salían mal, la Haight-Ashbury Free Clinic (p. 167) ofrecía tratamiento de recuperación gratuito a todos los *hippies* del barrio.

7 Mural del 'Arcoíris evolutivo'

Al cruzar Haight St y Cole St, frente al apartamento donde vivió Charles Manson, se ve una reliquia del Verano del Amor: el mural **'Evolutionary Rainbow'** de Yana Zegri (1967).

8 Hippie Hill

En el círculo de tambores de **Hippie Hill,** en el Golden Gate Park, los espíritus libres se reúnen desde la década de 1960 para moverse al ritmo de la música.

HAIGHT
Más información
Experiencias p. 161
Comer p. 169
Beber p. 170
Comprar p. 172
LOWER HAIGHT
UPPER HAIGHT
COLE VALLEY
Hayes Valley
The Panhandle
Buena Vista Park
Grove St
Hayes St
Fell St
Oak St
Page St
Haight St
Waller St
Duboce Ave
Clayton St
Ashbury St
Masonic Ave
Central Ave
Lyon St
Baker St
Broderick St
Divisadero St
Shrader St
Cole St
Belvedere St
Downey St
Delmar St
Buena Vista Ave W
Buena Vista Ave E
Buena Vista Tce
Alpine Tce
Rose Gold's Tattoo & Piercing
Haight-Ashbury Free Clinic
Haight y Ashbury
Borderlands Books
Wasteland
Cold Steel America
Held Over
Relic Vintage
Bound Together
Decades of Fashion
Amoeba Music
Free Gold Watch
400 m

EXPERIENCIAS

Pasarse por Haight-Ashbury

CRUCE

PLANO: 1 P. 160 **C3**

Como dicen en Haight, si uno recuerda el Verano del Amor, probablemente no estuvo aquí. La niebla estaba impregnada de marihuana, incienso de sándalo y cartillas militares ardiendo, y en la esquina de las calles **Haight y Ashbury** comenzaba una revolución cultural. Décadas después, "Hashbury" sigue siendo un imán para la contracultura. Aquí un sábado normal se firman peticiones para el Partido Verde, se encargan poemas, y se oye a los Hare Krishna a los teclados y a Bob Dylan al banyo. El reloj cúbico en la esquina noreste de Haight-Ashbury está parado a las 16.20, un término acuñado en el Área de la Bahía en torno a 1971, y reconocido hoy en todo el mundo como la Hora Internacional de la Calada.

Hecho a mano en Haight

CENTRO DE ARTE

PLANO: 2 P. 160 **E1**

Macramé, cerámica de gres, teñidos, tapices, xilografía, caireles de vidrios de colores: la artesanía *hippie* de Haight está experimentando un gran resurgir con cursos prácticos en **WorkshopSF** *(workshopsf.org; clases 50-120 US$)*. Todos los días de la semana, entusiastas artistas ofrecen clases para adultos en esta escuela de

LOS MEJORES ESTUDIOS DE 'PIERCING' Y TATUAJES

Al visitar Haight, existe la posibilidad de irse con un recuerdo más permanente. Estas instituciones del barrio ofrecen un servicio experto y artístico:

Cold Steel America

PLANO: 3 P. 160 **A4**

La tienda de *piercings* más aclamada de la ciudad, con un amplio inventario de raros pendientes antiguos y de joyas corporales en alternativas al metal: vidrio, silicona, ámbar, piedra, madera y cuerno.

Rose Gold's Tattoo & Piercing

PLANO: 4 P. 160 **C3**

Los perforadores ofrecen consultas sobre diseño de orejas, y sus consejos expertos son tan sólidos como las joyas corporales de oro de 14 y 18 quilates que se ofrecen, mientras que los tatuadores realizan intrincados trabajos de finas líneas.

Idle Hand

PLANO: 5 P. 162 **A2**

Se puede escoger entre más de 500 láminas de dibujos prediseñados que abarcan un siglo de historia del tatuaje o concertar una cita con los tatuadores que crean adaptaciones personalizadas de tatuajes tradicionales clásicos. Solo aceptan efectivo.

HAYES VALLEY
A
B
C
D
E
F
1
2
3
4
0
400 m
LOWER HAIGHT
FILLMORE
HAYES VALLEY
CASTRO
Church of 8 Wheels
Fuzz & Sway
Idle Hand
The Haight
Faight Collective
San Francisco Zen Center
Patricia's Green
SFJAZZ Center
Haight Street Art Center
The Wiggle
Pierce St
Steiner St
Fillmore St
Webster St
Buchanan St
Laguna St
Octavia St
Gough St
Franklin St
Birch St
Grove St
Fulton St
Ivy St
Hayes St
Linden St
Fell St
Hickory St
Oak St
Page St
Rose St
Haight St
Lily St
Laussat St
Waller St
Germania St
Hermann St
Duboce Ave
Church St
Market St
Octavia Blvd
Van Ness
Más información
Experiencias p. 161
Comer p. 169
Beber p. 170
Comprar p. 172

bricolaje. Casi todas las clases cuestan menos de 75 US$, y el taller de elaboración de cerveza casera cuesta menos que una ronda en el bar.

'Flashback' al Verano del Amor FESTIVAL

Cada año desde 1977, cuando Harvey Milk ayudó a organizar la primera **Haight Street Fair,** regresa el Verano del Amor: música gratis en dos escenarios (grupos de *funk* bailan con sus monos teñidos y rockeros de secundaria mueven la cabeza) mientras los vendedores venden macramé de arcoíris y barajas de tarot psicodélicas, los patinadores hacen trucos para la multitud y el denso humo de la marihuana flota en el aire.

Pasear por los armarios del pasado COMPRAS

Upper Haight es el lugar ideal para lucir un nuevo estilo clásico con camisetas de antiguos conciertos, monos ideales para la pista de baile, y un suministro constante de botas de gogé. A precios razonables, cualquiera puede permitirse asumir riesgos con la moda. En **Wasteland** (PLANO: 6 P. 160 **B3**; *shopwasteland.com*), una supertienda en un antiguo cine, hay una pared de camisetas de *rock vintage* y percheros con chaquetas de cuero directamente sacadas de la pasarela. **Decades of Fashion** (PLANO: 7 P. 160 **B3**; *decadesoffashionsf.com*) es un museo de prendas que exhibe de todo, desde guantes de ópera con adornos de la Edad Dorada a hombreras de la época de *Dinastía*. Se puede viajar a principios del s. XX en **Relic Vintage** (PLANO: 8 P. 160 **C3**; *relicvintagesf.com*), una tienda de trajes de raya diplomática y faldas caniche. **Held Over** (PLANO: 9 P. 160 **B3**) es el lugar ideal para vaqueros acampanados. Si se baja a Lower Haight, la fiesta *vintage* continúa en **Fuzz & Sway** (PLANO: 10 P. 162 **A1**), un lugar con faldas largas y vestidos *mod* cuidadosamente seleccionados.

Paseo por el Buena Vista Park PARQUE

PLANO: 11 P. 160 **E4**

Fiel a su nombre, el **Buena Vista Park,** en una colina, ofrece espléndidas vistas de la ciudad. Cualquiera de los recónditos senderos que serpentean por el parque permiten disfrutar de vistas espectaculares desde las laderas superiores, como el puente Golden Gate entre la niebla.

Creado en 1867, es uno de los parques más antiguos de SF, poblado por majestuosos robles centenarios y gran variedad de animales del bosque. Hay que ir atentos al espectacular plumaje escarlata del chupasavia pechirrojo y a las rechonchas tuzas que salen de sus madrigueras a comer raíces y plántulas. Y los trozos de mármol grabado que bordean los senderos del parque son restos de las primeras lápidas de SF. Por la noche el parque tiene una larga reputación como lugar de encuentro gay.

Comprar música en Amoeba

COMPRAS

PLANO: 12 P. 160 A4

No hacen falta incentivos para atraer a los fans a la colección más ecléctica de música y vídeo, nueva y usada, de la Costa Oeste, pero **Amoeba Music** *(amoeba .com)* ofrece puestos de escucha, fanzines gratuitos con reseñas muy precisas del personal, y más de 100 000 vinilos, CD y casetes de todo tipo, desde *hip hop* convencional hasta *jazz* poco conocido, además de DVD y VHS para quienes quieran dejar el *streaming* de una vez por todas. Esta profunda antigua bolera se transforma regularmente en un recinto para Live at Amoeba, una serie de conciertos gratuitos y firmas de álbumes. Y, además de ocuparse de los discos, Amoeba gestiona una fundación que ha salvado 4047 km^2 de selva.

Jugar al 'pinball' retro en Free Gold Watch

RECREATIVOS

PLANO: 13 P. 160 A4

El nombre suena demasiado bien para ser verdad, pero lo cierto es que **Free Gold Watch** *(free goldwatch.com)* es una tienda de serigrafía en activo, repleta de más de 50 juegos clásicos de *pinball.* Casi todos cuestan 1 US$ o menos, incluidos juegos de Elvis, Godzilla y Harry el Sucio, favorito de SF. Los clientes habituales pasan directamente al siguiente nivel del paraíso del videojuego: la Secret Juju Gallery de juegos raros de la década de 1970. En el momento de redactar esta guía, Free Gold Watch consiguió una licencia de comida y bebida para servir clásicos de los recreativos: *pizza,* perritos calientes y nachos, y cervezas artesanas y cócteles.

Explorar rincones librescos

LIBRERÍA

En SF es muy probable toparse con un escritor o lector que va o viene de **Booksmith** (PLANO: 14 P. 160 A4; *booksmith.com*). Las figuras literarias organizan aquí firmas de libros, lecturas de poesía estridentes y maratones de escritura de postales políticas. Esto no es una biblioteca, como se descubre en las fiestas de barril donde se anima a hojear libros achispado; si uno se despierta al día siguiente entre montones de novelas de San Francisco firmadas, sabrá exactamente lo que pasó la noche anterior.

Se pueden explorar los confines de la literatura en **Borderlands Books** (PLANO: 15 P. 160 A3; *borderlands-books.com*), una tienda dedicada a la ciencia ficción, la fantasía, el misterio y el terror. Votada en su día como "mejor lugar para conocer a un

LA MUERTE DE LO 'HIPPIE'

El 6 de octubre de 1967, el Verano del Amor llegó a su fin. Una procesión fúnebre simulada dio inicio en el Buena Vista Park (p. 163) con los San Francisco Diggers, un legendario grupo de acción comunitaria y teatro callejero famoso por repartir comida gratis todos los días en el Panhandle, que cargaban un ataúd con la inscripción "*Hippie*, hijo de los medios". Su mensaje: hay que dejar de acudir en masa a SF, atraídos por la imagen mediática de los *hippies* y, en su lugar, "llevar la revolución a donde viven". Pero la prematura desaparición de los *hippies* no fue suficiente para acabar con el idealismo de la década de 1960, que aún perdura en Haight.

estrafalario cadete del espacio", según el *SF Bay Guardian*, esta tienda es un lugar de encuentro para los lectores menos convencionales de la ciudad.

Desde 1976, **Bound Together** (PLANO: 16 P. 160 **D3**; *boundtogether.org*), una librería anarquista sin ánimo de lucro regentada por voluntarios, lleva manteniendo a los librepensadores con manuales de permacultura ecológica, historia social y cómics radicales, mientras coordina la Anarchist Book Fair, anual, dirige el Prisoners' Literature Project y retoca el mural *Anarquistas de América*.

Pedalear en el Wiggle — CICLISMO

PLANO: 17 P. 162 **B4**

Aunque gran parte de San Francisco es famosa por sus subidas destroza-gemelos, miles de ciclistas ruedan sin esfuerzo en Lower Haight por el **Wiggle**, un zigzagueante carril que esquiva pendientes de camino al Golden Gate Park. El mural del carril-bici de Duboce, *Puerta al Wiggle*, de 122 m, da la bienvenida a los ciclistas a esta autopista para bicis, celebrando todos los medios de transporte sin coche de SF. Se pueden recorrer las transitadas calles del barrio, siguiendo las señales verdes que guían hasta el parque; desde ahí, se puede pedalear entre los árboles hasta Ocean Beach. El sistema oficial de bicicletas compartidas de alquiler de San Francisco Bay Wheels tiene estaciones por toda la ciudad. Un viaje (30 min) cuesta 3,99 US$, y 0,30 US$ por cada minuto adicional; hay abonos de un día por 15 US$.

Copias de carteles psicodélicos — CENTRO DE ARTE

PLANO: 18 P. 162 **C3**

Una escultura de bronce de Jeremy Fish, una calavera de conejo, da paso a un mundo mágico de psicodelia. El **Haight Street Art Center** *(haightstreetart.org; gratis, 12.00-18.00, ju-do)* es una organización sin ánimo de lucro dedicada a los carteles serigrafiados, la forma de arte característica de SF. Los visitantes pueden ver cómo se preparan carteles en el estudio de serigrafía, además de impresionantes exposiciones en la galería: salas revestidas del suelo al techo con impresiones de carteles retrofuturistas de *rock glam:* Bowie con plataformas metálicas, pavoneándose como si saliera de Moonage Daydream. Adorna la escalera un tesoro poco conocido: un fresco encargado por la WPA a Ruben Kaddish en 1937 *Disertación sobre la alquimia,* sin duda el mural más psicodélico jamás encargado por el Gobierno de EE UU.

Patinar en la iglesia de las 8 Ruedas PISTA DE PATINAJE

PLANO: 19 P. 162 C1

En la **Church of 8 Wheels** *(churchof8wheels.com; entrada 18 US$),* el culto comienza con música de la década de 1980 a todo volumen desde el púlpito y los feligreses patinan hacia atrás bajo una bola de discoteca, cuyas luces bailan sobre las vidrieras. Esta iglesia convertida en pista de patinaje es un éxito para todas las edades, y hay sesiones de patinaje para toda la familia *(vi 17.00-18.30, sa 14.30-18.30, do y ma 18.00-19.30).* Después, la pista es para mayores de 18 que quieran disfrutar del patinaje en noches góticas, discotecas silenciosas y domingos de Soul Roll. Se pueden consultar las noches temáticas en la web y alquilar unos patines por solo 5 US$.

Ver qué hay en Faight COLECTIVO DE ARTE

PLANO: 20 P. 162 B2

Si se busca un estudio de yoga asequible, un taller de manualidades gratuito, un espectáculo de comedia o un lugar para tatuarse el muslo, **Faight Collective** *(thefaight.com),* en el

SIN VIVIENDA EN HAIGHT

Desde músicos callejeros hasta adolescentes que buscan dinero para el autobús, la mendicidad ha sido parte de Upper Haight desde la década de 1960, cuando los jóvenes estadounidenses emigraron aquí buscando un lugar donde integrarse. Pero en el 2010, la controvertida Ordenanza sobre Sentarse/Tumbarse de San Francisco se centró en Haight, castigando con multas de hasta 100 US$ a quienes "merodeen" por las aceras de 7.00 a 23.00. Sin embargo, con la escasez de camas en albergues para personas sin hogar en toda la ciudad, muchos niños de la calle no tienen otro lugar adonde ir. Mientras uno esté en SF, el voluntariado o las donaciones a ONG que ofrecen servicios a personas sin hogar, como Haight Ashbury Food Program, son gestos para retribuir la hospitalidad de la urbe, y garantizar que todo el mundo pueda sentirse aquí como en casa.

cruce de Fillmore y Haight, es un lugar ideal. Upper Faight, a pie de calle, funciona como tienda, con obras de artesanos locales; hay aromas de la ciudad en velas hechas a mano con códigos postales, o uno puede ponerse una cazadora vaquera estampada que rete a "romper las reglas falsas". Abajo, Lower Faight es un espacio para eventos con una programación impredecible. El yoga *vinyasa* matutino da paso a los talleres vespertinos del "Bad Art Club". Por la noche, el espacio se transforma en un carnaval de micrófonos abiertos, sesiones de música en vivo, y algo llamado "imaginación colectiva".

HAIGHT ST FREE CLINIC
El cartel original de la **Haight-Ashbury Free Clinic,** tallado a mano en 1967, sigue colgado en la esquina este de Haight St y Cole St, junto con un mural con su lema: "La atención médica es un derecho, no un privilegio; el amor necesita cuidados". Tras experimentar un poco con las drogas, un médico local abrió la legendaria "clínica *hippie*" de SF, que ofrece tratamiento a los *hippies* que llegan al barrio. Recibió un gran apoyo de figuras importantes locales, sobre todo del productor de conciertos Bill Graham, y durante más de 50 años fue un refugio que ofrecía tratamientos para salvar vidas, terapias contra el abuso de sustancias, exámenes médicos, y servicios de salud mental y de la mujer, todo gratuito o a bajo coste.
PLANO: 21 P. 160 **B3**

Brindis por los gigantes del 'jazz' en el SFJAZZ

MÚSICA EN VIVO

PLANO: 22 P. 162 **F3**

Leyendas del *jazz* y talentos singulares de Argentina a Yemen actúan en el **SFJAZZ Center** *(sfjazz.org; entradas 35-105 US$)*, el mayor centro de *jazz* de EE UU. Se puede disfrutar de un sonido brillante en el Miner Auditorium, cuyo escenario es invadido regularmente por la icono del *soul* Mavis Staples, la poeta punk Laurie Anderson y el bailarín ganador del Tony Savion Glover. Se sirven cócteles de temática jazzística en el balcón, y se pueden llevar a la butaca (incluso las butacas económicas de la tribuna superior tienen portavasos y vistas despejadas del escenario). Se pueden oír nuevas versiones de álbumes clásicos de *jazz* y a poetas improvisando con combos en el Joe Henderson Lab de abajo. Y se pueden poner a prueba los conocimientos que uno tiene de la historia del *jazz* con impresionantes murales de azulejos de influyentes salas de *jazz* de todo el país.

Meditar en el San Francisco Zen Center

BIENESTAR

PLANO: 23 P. 162 D3

Este monumento de ladrillo de estilo italiano, que se alza entre un mar de apartamentos victorianos en Hayes Valley, ha albergado a personas de todas las religiones. En 1922 Julia Morgan, la primera arquitecta licenciada de California y diseñadora del famoso castillo Hearst, diseñó este lugar para que fuera la hermandad Emanu-El, una residencia para judías de pocos recursos; hay estrellas de David de hierro forjado en la logia de la 1ª planta. Hoy es el **San Francisco Zen Center** *(sfzc.org; gratis)* y alberga la mayor comunidad budista fuera de Asia desde 1969.

La luz del sol inunda el Zendo durante el *zazen* diario gratuito de las 5.25. Hay otros programas con cierta regularidad: se puede consultar el calendario de meditaciones de medio día en el exuberante patio ajardinado; también se organizan divertidos talleres nocturnos que combinan el arte de la respiración y el *beatbox*. Cada dos jueves a las 19.00 hay Trans Sangha, un grupo de meditación por y para la comunidad trans; principiantes y recién llegados siempre son bienvenidos.

Disfrutar en el Patricia's Green y PROXY

PARQUE

PLANO: 24 P. 162 E2

Tras el terremoto de 1989 que dañó las rampas de la autopista, los votantes de SF descartaron los cielos de cemento de un paso elevado de la autopista en favor de un centro comunitario accesible. En el **Patricia's Green,** un moderno parque con instalaciones escultóricas en Burning Man, los niños trepan por el área de juegos en forma de cúpula y, por las noches, tras unas cuantas rondas, los adultos intrépidos también se animan, sobre todo cuando los vecinos envuelven la estructura de juegos en una tienda sensorial brillante llena de hielo seco y espectáculos de luces. Los viernes y sábados hasta las 22.00, Hayes St es una extensión peatonal del parque: se puede buscar pareja para las clases gratuitas de baile en línea, disponibles algunas noches.

En el extremo este está **PROXY** *(proxysf.net),* un conjunto de contenedores de carga reciclados donde explorar diferentes ofertas culturales y gastronómicas. De primavera a otoño, los viernes por la noche hay cine gratuito "en bicicleta" al aire libre, con películas de animación premiadas recientemente y largometrajes independientes extranjeros. Conviene abrigarse a capas y coger un rollo de césped verde para tumbarse.

Lo mejor para...

$ Económico $$ Medio $$$ Alto

Localizaciones en el plano de la p. 160 y 162

Comer

Desayuno y 'brunch'

Pork Store $$
25 P. 160 **C3**
Restaurante rosa que lleva sirviendo chuletas de cerdo y "scralifornia" (revuelto de aguacate y salsa ranchera recién hecha) desde 1979. *8.00-14.00 lu-vi, hasta 15.00 sa y do*

That's My Jam $$
26 P. 160 **F2**
Todo el fin de semana es hora del desayuno en este bistró *boutique*, con *lattes* Painted Lady en tonos pastel de las icónicas casas de SF. *9.00-15.00 vi-do*

Zazie $$
27 P. 160 **B4**
La fila en la puerta deja claro lo ricas que están las patatas caseras y los tazones de *chai*. Sin propina. *8.00-14.00 lu-vi, 9.00-15.00 sa y do*

Chez Maman West $$$
28 P. 162 **F2**
El *brunch* reparador que todo el mundo necesita: crepes de alforfón rellenas de bechamel con *prosciutto*, *pain perdu* de bayas con canela y copas de espumoso. *11.30-22.00 lu-vi, desde 10.30 sa y do*

Comida mexicana para sentarse

Otra $$
29 P. 162 **A1**
Carta apta para vegetarianos: salsa *macha* picante sobre frijoles negros, seguidos de tacos de batata o enchiladas de coliflor y espárragos. *17.00-22.00*

Papito Hayes $$
30 P. 162 **F2**
Para disfrutar de enchiladas, tortas y fajitas bien condimentadas y margaritas de hibisco picante. *11.00-21.00 do-mi, hasta 22.00 ju-sa*

Nopalito $$$
31 P. 160 **F2**
Un favorito de SF para disfrutar de ingredientes frescos y ecológicos en comidas coloridas. *11.30-21.00 do-ma y ju, hasta 21.30 vi y sa, 16.30-21.00 mi*

Vegana

Rad Radish $$
32 P. 162 **F3**
Carta radicalmente vegetal que satisface todos los antojos: hamburguesas Pineapple Express Imposible, *wraps* de pollo César y guarniciones de coliflor crujiente con guindilla. *9.00-21.00 lu-vi, desde 10.00 sa y do*

Om Sabor $$
33 P. 162 **F2**
Versiones creativas y ecológicas de platos nostálgicos para vegetarianos que añoran en secreto sus días carnívoros. Está en el Phonobar, un bar de cócteles para audiófilos. *17.00-22.00 mi-sa, hasta 21.00 ma*

Rápida e informal

Little Chihuahua $

34 P. 160 **F2**

Carnes de animales alimentados con hierba, verduras y legumbres orgánicas servidos en burritos gigantes (una especie de menú doble), todo acompañado de cerveza artesana o vino en lata. *11.00-22.00 lu-vi, desde 10.00 sa y do*

Street Taco $

35 P. 160 **B3**

Los patinadores de Haight se desvían aquí para disfrutar de auténtica comida mexicana con tortillas ecológicas hechas a mano. Los sabores se intensifican con la salsa casera recién hecha y el cerdo asado al pastor recién salido del asador; hay que esperar. *11.00-22.00*

Escape from New York Pizza $

36 P. 160 **A4**

La parada obligada de Haight en medio de la fiesta para un bocado caliente. El pesto con ajo asado y patata provoca sueño de tantos carbohidratos, pero el tomate seco con queso de cabra, corazones de alcachofa y espinacas recarga energía para otra ronda. *10.00-22.00 do-mi, hasta 23.00 ju, hasta 2.00 vi y sa*

Hayz Dog $

37 P. 162 **F3**

Los mejores perritos calientes de SF: el clásico Hayz tiene salsa de *kimchi*, cebollitas y Kewpie; la versión vegetariana, elote con alioli de pimentón ahumado y queso cotija. Se puede pedir para llevar. *11.00-21.00 do-mi, hasta 23.30 ju-sa*

Comidas de lujo

Rich Table $$$

38 P. 162 **E3**

Los antojos imposibles comienzan con platos alucinantes: dónuts de *porcini*, *latkes* de cangrejo Dungeness y pastas únicas en SF como *cacio e pepe* de erizo de mar. Hay que reservar entre dos y cuatro semanas antes; de lo contrario habrá que esperar en la barra. *17.00-22.30 ma-sa*

Zuni Cafe $$$

39 P. 162 **E4**

Transforman los básicos del menú en platos *gourmet* desde 1979: ensalada César con anchoas saladas en casa, pollo de corral asado en horno de ladrillo con ensalada de pan toscano y *focaccia* con hamburguesa de ternera alimentada con hierba y asada con leña de mezquite. *11.00-15.00 vi-do, 17.00-21.30 ma-do*

Dumpling Home $$$

40 P. 162 **F3**

Lugar informal aprobado por Michelin para cenas elegantes sin gastar mucho. Destaca por su *xiaolongbao*, suave y repleto de diversas carnes. *11.30-14.15 y 17.00-20.15 do-ju, hasta 20.45 vi y sa*

Nojo Ramen Tavern $$$

41 P. 162 **F3**

Destacan los tazones de *ramen*. El caldo casero aporta un sabor inagotable a los modestos tazones de fideos, coronados con pollo especial de la casa. La "bomba de especias" es opcional. *17.00-21.00 lu-ju, 11.30-14.30 y 17.00-21.30 vi-do*

Beber

Cafeterías

Coffee to the People

42 P. 160 **C3**

Cafetería radical con pegatinas, macramé y libros para concienciar. Los capuchinos con leche de cáñamo son un gusto adquirido; cuidado con el Freak Out cuádruple de comercio justo. *7.00-17.00 do-vi, hasta 18.00 sa*

Cafe International

43 P. 162 **B2**

Café turco y *bagel* de aguacate para cargar energías en una mesa salpicada de pintura en el patio trasero, mientras un grupo de jubilados y su batería de 11 años tocan *jazz* en la esquina. *7.00-16.30*

Le Cafe du Soleil

44 P. 162 **B2**

Los luminosos asientos al aire libre invitan a relajarse un sábado por la mañana con una cerveza recién hecha, acompañada de un *croque monsieur* o *croque madame*. *7.00-17.00*

LOQUAT

45 P. 162 **E3**

Comidas de la diáspora judía (destacan las *babkas* de dátiles y canela o las *bourekas* de verduras de temporada) y café del tostador local Four Barrel Coffee. *8.00-17.00 mi-lu*

Blue Bottle Coffee Kiosk

46 P. 162 **F3**

Este quiosco en el garaje de un callejón se forjó una reputación con café ecológico microtostado. Tras la breve espera, uno se sienta fuera en los bordillos reutilizados creativamente para tomar uno de los mejores cafés de SF. *6.30-18.00 lu-ju, hasta 19.00 vi-do*

Ritual Coffee

47 P. 162 **E2**

El tostadero de Mission ofrece en este contenedor de carga de Hayes Valley café exprés de origen único, y potentes *pour-overs* que rivalizan con los del cercano Blue Bottle, pero cuidado, esas son palabras mayores entre los bandos de fanáticos del café de SF. *6.30-19.00 lu-vi, hasta 20.00 sa y do*

Bares de barrio

Noc Noc

48 P. 162 **A2**

DJ de *trance, hackers* anarquistas, fundadores del Burning Man... En el postapocalípitico antro *rave* de la década de 1990 de Haight, la *happy hour* es hasta las 19.00 todos los días con cerveza de barril local a 5 US$ (no sirven PBR). *17.00-1.00 do-ju, hasta 2.00 vi y sa*

Aub Zam Zam

49 P. 160 **B3**

Los arcos persas, los murales de *Las mil y una noches*, el *jazz* de la década de 1930 en la gramola y los cócteles de primera a bajos precios traen la felicidad bohemia a Haight St desde 1941. Solo aceptan efectivo. *15.00-2.00 lu-vi, desde 13.00 sa y do*

Mary's

50 P. 160 **C3**

Bar *queer* que sirve desde la década de 1970 cócteles añejados en barrica, lo que lo convierte en la reliquia más antigua en funcionamiento y única que queda del pasado de Haight como enclave LGTBIQ+ anterior a Castro. *15.00-2.00 lu-vi, desde 12.00 sa y do*

Para amantes de la cerveza

Biergarten

51 P. 162 **E2**

El más leve rayo de sol atrae colas para comprar cerveza y *bratwurst:* hay que usar protector solar, pedir dos rondas de cervezas Fort Point de temporada a la vez y huevos rellenos encurtidos y *pretzels* para compartir en mesas de pícnic comunitarias. *16.00-20.00 mi y ju, 14.00-21.00 vi, 13.00-20.00 sa, 13.00-19.00 do*

Toronado

52 P. 162 **A2**

Las oraciones de los amantes de la cerveza han sido escuchadas. Pueden arrodillarse ante el altar de pizarra que enumera más de 40 cervezas de grifo y cientos más embotelladas, incluidas sensacionales cervezas artesanas de temporada. *11.30-2.00*

Bares de vinos

Hôtel Biron

53 P. 162 **E4**

Hay que adentrarse en el callejón para encontrar este estrecho local, con excelentes cosechas californianas, francesas e italianas de pequeña producción, y unas pocas mesas para dos. *17.00-23.00 lu y ma, hasta 24.00 mi-sa, hasta 22.00 do*

Uva Enoteca

54 P. 162 **B2**

Los camareros ofrecen descaro, buenos consejos y excelentes Soave y Montepulciano para degustar o en botella maridado con tablas de charcutería vegetariana local. *17.30-21.00 lu-ju, hasta 21.30 vi y sa, hasta 20.30 do*

Millay

55 P. 162 **A4**

Animado local fucsia para una cita nocturna con la selección más amplia de sake de la ciudad, además de vinos ecológicos, y tentempiés de fusión japonesa y pescado enlatado. *17.00-22.00 lu, mi y ju, 17.00-24.00 vi, 15.00-24.00 sa, 15.00-20.00 do*

Cócteles elegantes

Stoa

56 P. 162 **A1**

En este elegante y creativo *lounge* de cócteles sirven bocados de bar inesperados; todo lo de la carta es sin gluten y sin lácteos, desde sabrosos *mochi* a la parrilla hasta empanadas de fresa. *16.00-22.00 lu-ju, hasta 24.00 vi y sa*

Alembic

57 P. 160 **A4**

Techos de estaño victorianos, sabrosas comidas de bar y peligrosos cócteles delicados, elaborados por expertos a partir de 250 licores especiales. *16.00-24.00 mi-sa, 14.00-22.00 do*

Bares con música en directo

Martuni's

58 P. 162 **D4**

El mejor piano bar de la ciudad, donde un amplio abanico de habituales se sabe de memoria la letra de cada canción. Cantar a coro es un hecho, sobre todo tras un par de los famosos *lemon drops* o unos martinis de primera. *16.00-2.00*

Mint

59 P. 162 **C4**

Las potentes voces de este bar de karaoke podrían hacer retumbar los peniques que se acuñan en la cercana Casa de la Moneda. Si uno no sabe qué cantar de la lista de más de 30 000 canciones, debe saber que el mínimo de dos bebidas prácticamente garantiza aplausos. *17.00-2.00 lu y mi-vi, desde 16.00 sa y do*

Madrone Art Bar

60 P. 160 **F1**

El artista de SF Tom Marioni dijo que "beber cerveza con amigos es la forma de arte más elevada". Pero en este artístico bar victoriano, mejor pedir un Madroni. La multitud se mueve y choca contra las instalaciones de arte rotativas los Motown Mondays o en las fiestas disco globales. *16.00-2.00 lu-sa, 15.00-1.30 do*

Comprar

Marcas locales

Piedmont Boutique

61 P. 160 **C3**

"Prohibido jugar con las boas", dice el cartel de la puerta, una regla que las estrellas *drag*, los aficionados al Burning

Man y los que se toman Halloween demasiado en serio ignoran alegremente. Desde 1972 los disfraces de Piedmont se diseñan y confeccionan en la ciudad. *11.00-19.00*

Upper Playground

62 P. 162 **B2**

Uno puede integrarse en el paisaje de SF con una sudadera "Golden State of Mind" diseñada aquí, una camiseta con un mapa de placas tectónicas, o una gorra de béisbol con el elusivo coyote del Golden Gate Park del artista autóctono Jeremy Fish. *12.00-19.00*

FTC Skateboarding

63 P. 160 **B3**

Proveedor de monopatines con mucho estilo: para lucir el estilo de SF con chaquetas y gorras de trabajo "For the City" y mostrar que se conoce la ciudad con tablas diseñadas por artistas locales invitados. *11.00-18.00*

Marine Layer

64 P. 162 **E2**

Para disfrutar del frescor californiano sin escalofríos con camisetas suavísimas que fabrica esta ingeniosa empresa de SF mezclando algodón e hilo de haya. Se puede añadir una *shacket* (sobrecamisa de franela gruesa) o una chaqueta de trabajo de lona para las frescas fogatas en Ocean Beach. *11.00-19.00 lu-sa, hasta 18.00 do*

Cultura 'geek'

Isotope

65 P. 162 **E3**

Salón de cómics donde hojear series de superhéroes, admirar los asientos de inodoro firmados por ilustradores famosos, y subir luego a relajarse en cómodos sofás de cuero con novelistas gráficos locales, algunos de los cuales imparten talleres aquí. No hay que perderse las firmas y los días de cómics gratuitos. *11.00-18.00 lu-sa, hasta 17.00 do*

Gamescape

66 P. 160 **F1**

Desde 1985 este es el cuartel general de los juegos de mesa de la ciudad. Hay galardonados Eurogames, juegos cooperativos autóctonos y repuestos para juegos. En las mesas del fondo hay noches de juegos de mesa independientes y torneos de cartas. *11.00-19.00 lu-sa, hasta 18.00 do*

Comix Experience

67 P. 160 **F2**

Rarezas, primeras ediciones firmadas y novelas gráficas aptas para niños: todos encuentran su lugar en esta pequeña librería de barrio. Uno puede unirse al club y recibir la mejor novela gráfica del mes en la puerta, donde quiera que esté. *11.00-18.00*

Maravillas 'new age'

Sword and Rose

68 P. 160 **B4**

La luz de las velas ilumina las barajas de tarot y los frascos de vidrio relucen con incienso en polvo consagrado y preparado ritualmente. Tras las cortinas de terciopelo hay lecturas de tarot, quiromancia y astrología. Lo mejor es concertar cita, pero se puede entrar y preguntar por si hay hueco. *12.00-18.00*

The Love of Ganesha

69 P. 160 **B3**

La joya de la corona de las tiendas de cristales, con gran variedad, de amatistas a zircones. Si está abierta la sala de meditación trasera se puede recargar energía antes de visitar más tiendas de Haight St. *11.00-17.30*

Sugerencias de lugares para comer, beber y comprar en **p. 186**

Por Alison Bing

Explora
Golden Gate Park y las avenidas

Bisontes, pingüinos, *hippies* y surfistas recorren el paisaje más insólito de San Francisco: el Golden Gate Park, de 50 manzanas de largo. Por las avenidas residenciales que flanquean el parque hay barbacoa coreana, *jam sessions* gaélicas, repostería francesa y matinales de cine hongkonés. Es un pueblo global, donde quedan a darse un festín los surfistas y los *gourmets* aventureros. Al sur del Golden Gate Park están las casas color caramelo del Sunset District, los restaurantes familiares de Irving St y los locales de surfistas de Judah St y 45th St. Al norte del parque están las *boutiques* independientes y cines de Richmond, y buenas panaderías, bares y restaurantes.

Cómo desplazarse

A pie
Hay caminos pavimentados y senderos en el Golden Gate Park.

Bicicleta
Recogida de bicis de alquiler dentro del parque en Parkwide Bike & Surrey.

Funicular
La línea N va del Downtown a Ocean Beach por Sunset.

Autobús
Los buses nº 1, 2, 5, 21, 31 y 38 salen del Downtown y atraviesan Richmond; los nº 7 y 6 van del Downtown a Sunset por Haight; el nº 33 conecta Richmond, Haight, Castro y Mission. Los buses que van de norte a sur (nº 28, 29 y 44) atraviesan el parque.

Ocean Beach (p. 181).
AHMAD T NAJEEB/SHUTTERSTOCK

LO MEJOR

NATURALEZA URBANA
Golden Gate Park (p. 178)

ARTE GLOBAL
de Young Museum (p. 179)

ENCUENTROS CON LA FAUNA
California Academy of Sciences (p. 178)

VISTAS DEL FIN DEL MUNDO
Lands End (p. 183)

PASEOS POR LA PLAYA
Ocean Beach y Sunset Dunes (p. 181)

A
B
C
D
1
2
3
4
5
6
Océano Pacífico
SEA CLIFF
Sea Cliff Ave
Lake St
Coastal Trail
Lincoln Park
Campo de golf del Lincoln Park
El Camino del Mar
1 Legion of Honor
Fort Miley
34th Ave
California St
Clement St
Geary Blvd
Point Lobos Ave
Sutro Heights Park
Anza St
3 Balboa Theatre
Balboa St
15
Cabrillo St
RICHMOND
Fulton St
Great Hwy
La Playa St
North Lake
Buffalo Paddock
Lago Spreckels
Outside Lands
32
Campo de golf muncipal Golden Gate
Ocean Beach
Middle Lake
Hardly Strictly Bluegrass
Lago Metson
Lago Mallard
South Lake
Lincoln Way
18
9 5 Mollusk
Irving St
26
27
Judah St
Sunset Dunes
8 25 35
6 Aqua Surf Shop
Kirkham St
Lawton St
Sunset Recreation Center
Upper Great Hwy
Sunset Blvd
24
Moraga St
Noriega St
7
0 500 m

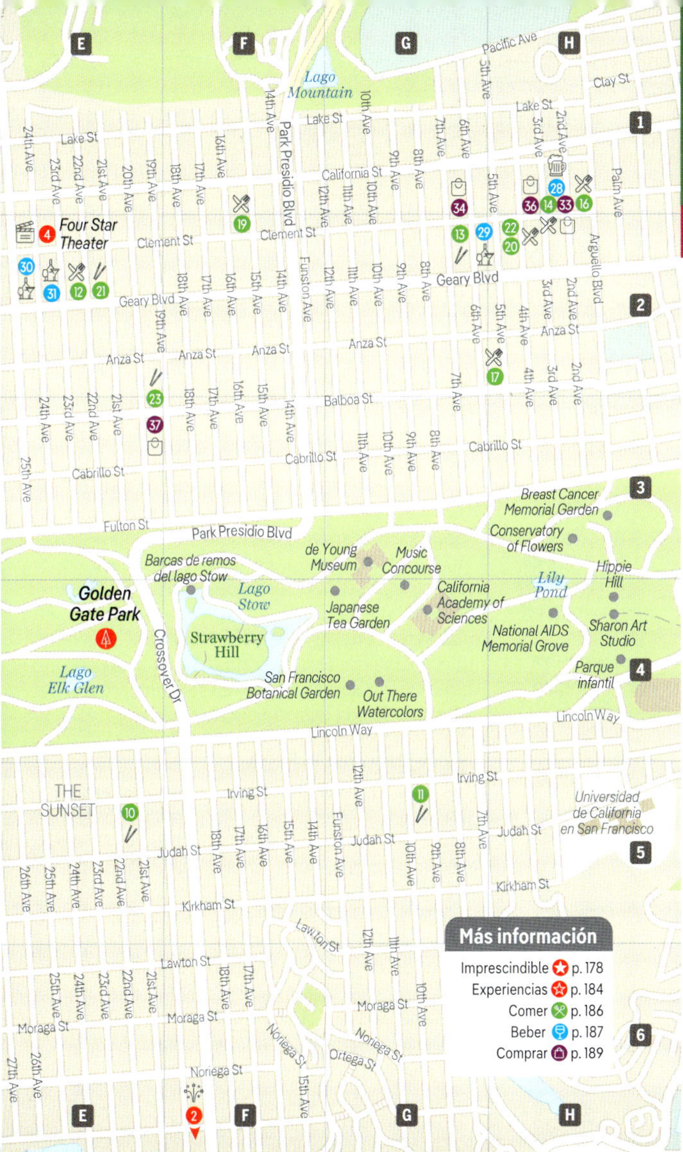

Más información

Imprescindible p. 178
Experiencias p. 184
Comer p. 186
Beber p. 187
Comprar p. 189

★ IMPRESCINDIBLE

Golden Gate Park

Todo lo que San Francisco atesora está en el Golden Gate Park: espíritus y música libres, abundantes mariposas y arte *underground,* llamativas dalias y bosques de secuoyas, pequeños bonsáis y enormes bisontes. Por las 412 Ha del parque se extienden lugares de referencia que celebran la naturaleza, la música, el arte y la ciencia.

PLANO P. 176 **E4**

CONSEJO
John F Kennedy Dr es solo para peatones a partir de 9th Ave, pero se puede recorrer el parque en bicicleta. Alquilan bicis cerca del Japanese Tea Garden en **Parkwide Bike & Surrey** *(parkwide.com).*

Escanea este código QR para eventos del parque e información.

Maravillas naturales

La franja natural de SF, de 1,6 km de ancho y 4,8 km de largo, comienza con el **Conservatory of Flowers** (foto; *gggp.org; adultos/jóvenes y jubilados/niños 17/7/3 US$*), un invernadero de 1878 con orquídeas, lirios y plantas carnívoras. Las fechas de los espectáculos de luces y eventos están en línea. Las **entradas combinadas** *(adultos/jóvenes y jubilados/niños 33/21/9 US$)* ofrecen acceso el mismo día al Japanese Tea Garden (p. 180) y al **San Francisco Botanical Garden** (22 Ha), que alberga desde sabana surafricana hasta bosque nuboso neozelandés. Y se oyen serenatas en el **Flower Piano** *(gggp.org/flowerpiano).*

Encuentros con la fauna

Los bisontes llevan desde 1889 en **Buffalo Paddock**, en el extremo oeste del parque. Las mariposas azules revolotean en la **Osher Rainforest Dome,** hay estrellas de mar en el **Steinhart Aquarium** y los pingüinos caminan por el African Hall en la **California Academy of Sciences** *(calacademy.org; adultos/niños desde 49/45 US$).* Los noctámbulos se divierten en los eventos **NightLife** *(25 US$; 18.00-22.00 ju; mayores de 21 años),* con espectáculos en el **Planetarium.** Y los niños no duermen durante las **fiestas de pijamas en la Academia**, pero pueden impulsar sus carreras científicas.

BENJAMIN HEATH FOR LONELY PLANET

Arte en el parque

En el **de Young Museum** *(famsf.org; adultos/jóvenes 20 US$/gratis)* las exposiciones de la planta principal van de tallas inuits a fotografía de prisiones de California; en la planta superior hay tallas oceánicas y enormes colecciones textiles; las retrospectivas del sótano van de Frida Kahlo al fotógrafo Ansel Adams. Para ver vistas del parque, se sube en ascensor a la torre de observación de 44 m, o se contemplan las nubes en la instalación **SkySpace** de James Turrell, oculta bajo el **Osher Sculpture Garden.** La entrada a la torre, el café y la tienda es gratuita; incluye acceso gratis el mismo día al museo Legion of Honor (p. 184). **Sharon Art Studio** ofrece talleres para crear obras maestras *(mayores de 18 años; talleres de 1-3 días 150-350 US$)*, y **Out There Watercolors** *(outtherewatercolors.com; 120 US$/h máx. 4 personas)* organiza expediciones para capturar paisajes del parque para mayores de 12 años.

UNA PAUSA

En el parque hay pocas opciones para comer; destacan la **cafetería del de Young Museum** (no se precisa entrada) o las **gastronetas** frente al Japanese Tea Garden.

PARA LOS NIÑOS
En el **parque infantil** los niños montan en el **carrusel** clásico de 1912 *(adultos/niños 2,50/1 US$)*, se deslizan por toboganes de hormigón de la década de 1970 y escalan por el rocódromo.

A FLOTE
Con buen tiempo, hay patines de pedales y botes de remos disponibles a diario en el restaurado **Stow Lake Boathouse** *(remos/pedales 26/32,50 US$)* de 1946.

Festivales y conciertos en el parque

El Golden Gate Park alberga festivales épicos desde que el Human Be-In de 1967 instó a los espíritus libres a "sintonizar, encender y desconectar", incluido el **420 Festival** *(420hippiehill.com; gratis)*. De marzo a noviembre hay conciertos al aire libre en el **Music Concourse Bandshell** *(sfrecpark.org/1570/Golden-Gate-Bandshell-Concerts)*, con *happy hours* musicales los viernes, *reggae* los domingos y cantautores los miércoles.

En torno a los Polo Fields se celebran el **Hardly Strictly Bluegrass** *(hardlystrictlybluegrass.com; gratis)* el primer fin de semana de octubre, y el festival alternativo de Coachella **Outside Lands** *(sfoutsidelands.com)* el primer fin de semana de agosto. Hardly Strictly Bluegrass presenta más de 75 artistas en seis escenarios, incluidas leyendas del *bluegrass* (Emmylou Harris, Gillian Welch), cantautores (Elvis Costello, Rickie Lee Jones) y rebeldes musicales (Gogol Bordello, Patti Smith). Se puede conseguir entradas en mayo para el Outside Lands, para asistir al festival de música de agosto que *Billboard* considera el mejor de EE UU, con figuras del pop (Doja Cat, Tyler the Creator), rockeros alternativos (Lorde, Beck) y grandes iconos (Tribe Called Quest, Big Freedia).

Momentos meditativos

Desde 1894, el **Japanese Tea Garden** *(gggp.org; adultos/jóvenes y jubilados/niños 15/7/3 US$; primera hora gratis)* se tiñe de rosa con los cerezos en flor en primavera y de rojo intenso con las hojas de arce en otoño. No hay que perderse el **Zen Garden** y las galletas de la fortuna presentadas en su lugar de origen, la **Tea House.** Para una reflexión serena, se puede visitar el **National AIDS Memorial Grove,** fundado en 1991 para conmemorar a los millones de vidas perdidas por la epidemia del sida. En el **Breast Cancer Memorial Garden,** la apartada cima de la colina está rodeada de bancos y flores.

★ IMPRESCINDIBLE

Ocean Beach y Sunset Dunes

En la evocadora Ocean Beach, el sol se pone sobre el Pacífico, aunque quizá la niebla se lo trague antes. De pie sobre la arena, de espaldas a la ciudad, se contempla el flujo y reflujo del Pacífico, con solo unos valientes surfistas que le recuerdan a uno que estamos en el s. XXI.

Ocean Beach

La playa urbana de SF, de 5,6 km de largo, no se parece a las escenas californianas de las películas de Hollywood; este entorno sombrío y brumoso es más adecuado para paseos meditativos en solitario o para conectar con amigos. Este fue el escenario original del Burning Man; se pueden hacer fogatas en los pozos diseñados para ello por artistas *(mar-oct hasta 21.30)*. Los nadadores deben tener cuidado con la resaca. Al mirar al Pacífico se ven surfistas, barcos que pasan y leones marinos en las olas.

Sunset Dunes

En el extremo meridional de Ocean Beach hay un parque costero de 20 Ha llamado Sunset Dunes. Por votación popular en el 2024, SF convirtió un tramo de la autopista en senderos. No hay que salir de los senderos en las zonas donde se está recuperando el hábitat. Las dunas ofrecen refugio para observar aves, como los asustadizos chorlitejos blancos costeros en invierno, además de pícnics y expediciones de pintura al aire libre con Out There Watercolors (p. 179). Para pintar la puesta de sol, se puede comprar material de arte en la cercana Case for Making (p. 189), donde los artesanos crean pigmentos específicos para capturar los sutiles tonos del Pacífico.

PLANO P. 176 **A4** Y **A5**

CONSEJO
Se puede descansar en mitad de la playa para comer, beber e ir al baño en el **Beach Chalet** (p. 189), con frescos de la década de 1930 que celebran la construcción del Golden Gate Park.

Escanea este código QR para eventos e información.

CIRCUITO A PIE

Excursión a Lands End

Al caminar por el borde del continente se entra en otro mundo, atravesando un paisaje accidentado de una belleza inesperada: ruinas victorianas, cuevas marinas ocultas, tesoros artísticos, senderos de mosaico y nuevas películas.

INICIO	FINAL	DURACIÓN
Mirador de Lands End	Four Star Theater	4,5 km; 3 h

1 Mirador de Lands End

Frente al restaurado Sutro Heights Park de 1885, el **centro de visitantes del mirador de Lands End** *(nps.gov/goga)* ofrece mapas de senderos y panorámicas del Pacífico.

2 Sutro Baths

Se baja a **Sutro Baths,** donde dandis victorianos y obreros se bañaban con trajes de baño de lana alquilados. El millonario Adolph Sutro abrió piscinas cubiertas aquí en 1896 para 10 000 bañistas, pero los porteros le negaron la entrada a John Harris, un ciudadano negro de SF. Demandó a Sutro y ganó una causa histórica que acabó con la segregación en las instalaciones públicas. Para atraer público, Sutro añadió trapecios, pistas de hielo y unas populares momias egipcias. Tras dos guerras mundiales y la Gran Depresión, los baños quebraron. Hoy la zona es un parque.

3 Senderos de los acantilados

Se recorre el sendero superior de Sutro Baths hasta el **Coastal Trail,** que serpentea por los acantilados de Lands End. Enmarcados por pinos esculpidos por el viento se ven pecios frente a la costa, leones marinos, y el puente Golden Gate (p. 46). Tras pasar el mirador hacia Seal Rocks Beach, se toma el **Lands End Trail** hacia Legion of Honor.

4 Legion of Honor

A través del gran patio de columnas, se pasa la escultura de Auguste Rodin *El pensador* y se llega a la entrada de **Legion of Honor** (p. 184). Para ver cómo el arte contemporáneo interactúa con los tesoros del museo, se puede conseguir una entrada: si se llega a las 16.30, quedan 45 min para visitarlo gratis. O se puede ir directamente al café del museo para disfrutar de bebidas y deliciosos pasteles.

5 Escaleras de baldosas del Lincoln Park

Legion of Honor corona el Lincoln Park, de 40 Ha, donde acaba oficialmente Lincoln Hwy, que va de costa a costa. Se sigue bajando por Lincoln Park, que fue el cementerio de SF hasta 1909 y ahora es un campo de golf público. Tras la sede del club de golf se gira a la izquierda, hacia los **Lincoln Park Steps** *(lincolnparksteps.org; gratis)* de la artista Aileen Barr, con azulejos de inspiración *art déco,* y se desciende a California St.

6 Four Star Theater

Se camina hasta Clement St y se mira escaparates de camino al **Four Star Theater** (p. 184). Uno puede unirse al público local en este cine de barrio en las matinales de fin de semana o en las películas gratuitas para toda la familia a las 10.00, o comprar entradas para lo que se proyecte esa noche.

EXPERIENCIAS

Ver obras maestras en Legion of Honor

MUSEO

PLANO: 1 P. 176 B1

El excéntrico museo **Legion of Honor** *(famsf.org; adultos/jóvenes 20 US$/gratis)* muestra una ecléctica colección que va de lo antiguo a lo moderno: nenúfares de Claude Monet y paisajes sonoros de John Cage arriba, antiguas tablillas cuneiformes y el códice maya transfronterizo de Enrique Chagoya abajo. Se invita a los artistas contemporáneos a interactuar con la colección, con un efecto provocador: Wangechi Mutu ubicó su escultura de bronce *Shavasana* de dos mujeres negras a la larga sombra de *El pensador* de Rodin.

Las exposiciones van de la fantasía de alta costura de Guo Pei a los cuadernos de bocetos de Pablo Picasso, junto con selecciones de las 90 000 obras sobre papel de la **Achenbach Collection.** Los sábados a las 16.00, los recitales de órgano acaparan la atención en la **Rodin Gallery.** La entrada incluye el acceso el mismo día al de Young Museum (p. 179); es gratuita pasadas las 16.30.

Ir al Stern Grove Festival

FESTIVAL

PLANO: 2 P. 176 F6

El festival de música gratuito más antiguo de EE UU sacude el bosque de secuoyas y eucaliptos de Sunset todos los veranos desde 1938. Entre los cabezas de cartel recientes están Sleater-Kinney, Diana Ross, Tegan & Sara, Janelle Monáe, X y Michael Franti, de SF. Las entradas para el **Stern Grove Festival** *(sterngrove .org)* se sortean en línea seis semanas antes de los conciertos, y los ganadores tienen 72 h para reclamarlas antes de que se las den a otros fans afortunados.

Ver películas globales en cines de la comunidad

CINE

Para aprovechar al máximo la niebla, la SF Neighborhood Theater Foundation ha renovado dos cines históricos de Richmond. El **Balboa Theatre** (PLANO: 3 P.176 C3; *balboamovies.com; entradas 12,50-20 US$*), de estilo *art déco* (1926), proyecta películas de estreno, de festivales de cine, clásicos de la gran pantalla, comedia en vivo y éxitos de culto con participación del público. Antes de que Ang Lee, John Woo y Wong Kar-wai llegaran a las carteleras internacionales, sus películas se proyectaban en el **Four Star Theater** (PLANO: 4 P. 176 E2; *4-star-movies.com; entradas 0-20 US$*). Este cine de barrio que proyecta filmes desde 1964 presenta películas de festivales de cine internacionales, clásicos antiguos, *anime* japonés, eventos cinematográficos con música en vivo, y favoritos familiares gratis a las 10.00 los fines de semana.

GRACIAS, "BIG ALMA"

Legiones de aficionados al arte le deben un agradecimiento a Alma de Bretteville Spreckels, la modelo de desnudos para escultores que cambió el mundo del arte. En 1902 demandó públicamente por romper su promesa al minero de oro que la 'desfloró' y abandonó, y ganó. Luego "Big Alma" se presentó como modelo voluntaria para el monumento *Diosa de la victoria* de Union Sq, una estatua de bronce de vestuario ligero. El presidente del comité de selección de la estatua era el magnate del azúcar Adolph Spreckels, que se convirtió en el "marido rico y viejo" de "Big Alma" y le legó su fortuna. Ella recaudó fondos para reconstruir SF tras el terremoto, investigó las condiciones laborales de las mujeres para el Departamento de Trabajo de EE UU, y donó el Legion and Maritime Museum a la ciudad.

Explorar el ambiente surfista de Sunset SURF

Uno puede meterse en la cultura surfista de SF en **Mollusk** (PLANO: 5 P. 176 **B5**; *mollusksurfshop .com*), donde legendarios fabricantes dan forma a tablas de edición limitada, y los artistas-surfistas exponen en la galería trasera. Los surfistas exploran trajes de neopreno, números atrasados de *Surfer's Journal* y la *Surfing Guide to California*, mientras los *kooks* (novatos) se prueban las camisetas de Mollusk. Casi todos los surfistas de SF se inician en calas protegidas, como East Beach en Crissy Field (p. 48). En **Aqua Surf Shop** (PLANO: 6 P. 176 **B5**; *aquasurfshop.com; clases 120-150 US$; alquiler por día de* bodyboard/*traje de neopreno 10/15 US$, tabla de surf 25-35 US$*) alquilan equipo de surf y dan clases.

Caminar por Fort Funston PARQUE

PLANO: 7 P. 176 **C6**

El *flower power* se está apoderando de **Fort Funston** *(parksconservancy.org; gratis)*, una instalación militar convertida en un parque nacional. Se ve musgo en los cañones de 146 toneladas de la II Guerra Mundial y flores silvestres junto a los silos de misiles Nike, usados ahora para saltos en ala delta. Para una caminata panorámica, se toma el **Sunset Trail** a la playa (2,4 km ida y vuelta). Los senderos son accesibles para sillas de ruedas y cochecitos, y se permiten perros sin correa en muchas zonas. Para una caminata más larga, se toma el Coastal Trail (p. 183) y se va al norte, hacia Sunset Dunes, Ocean Beach y Lands End.

SUGERENCIAS

Lo mejor para...

$ Económico $$ Medio $$$ Alto

Localizaciones en el plano de la p. 176

Comer

Cenas al atardecer

Thanh Long $$
8 B5
Cangrejo clásico (asado, al tamarindo o "borracho") con tallarines con ajo y la cálida acogida de la familia An. *16.30-20.00 do, mi y ju, hasta 21.00 vi y sa*

Hook Fish Co $
9 B5
En mesas de madera desgastada los surfistas disfrutan de marisco fresco y sostenible del Pacífico en tacos o burritos, sobre ensaladas, o en *fish and chips*. *11.30-21.00*

Mini Potstickers $
10 E5
Preparan mini *dumplings* con carne de ternera Wagyu, gambas y cerdo, o con verdura. *10.30-15.00 y 17.00-20.30 lu-vi, 10.30-20.30 sa y do*

Manna $
11 G5
Cocina coreana casera, como tortitas de *kimchi, kalbi* (costillas a la barbacoa) y *dol-sot bibimbap* (arroz en cazuela de piedra); grupos de cuatro máximo. *11.00-21.30 ma-do*

Cenas en Richmond

Aziza $$$
12 E2
Cocina de California y Marruecos: tajín de salmón, *shakshuka* de cordero de Sonoma estofado, hojaldre de confit de pollo junto con cócteles con y sin alcohol. *17.00-21.30 mi-do, brunch 10.30-14.00 sa y do*

Mamahuhu $
13 G2
Versiones californianas de clásicos de los restaurantes chino-estadounidenses, recreadas con ingredientes sostenibles de temporada: ternera de Niman Ranch y brécol, coliflor agridulce, *mapo tofu* de setas *shiitake* ecológicas. *11.30-21.00*

Chapeau $$$
14 H1
En este bistró francés familiar todos los comensales son tratados como buenos amigos; los menús degustación (50-92 US$) incluyen clásicos como sopa de cebolla, *cassoulet* de pato y *coq au vin*. *17.00-21.00 mi-do*

The Laundromat $
15 C3
En esta "lavandería" destacan las *pizzas* cuadradas, como la margarita con salsa de vodka, y las coles de Bruselas con cremoso queso de cabra. *8.00-14.00 y 17.00-21.00 mi-do*

Delicias horneadas

Arsicault Bakery $
16 H1
Armando Lacayo dejó Francia por Wall St, luego abandonó las finanzas de Nueva York por los bollos *financiers* de SF y los característicos cruasanes dorados y hojaldrados, que suelen agotarse antes del almuerzo. *8.00-15.00*

Cinderella Russian Bakery $

17 H2

Generaciones de la comunidad ruso-judía de SF disfrutan de *piroshki* recién horneados con huevo y cebollino, decadentes *vareniki* de patata (empanadillas hervidas) y sustancionso *borscht*. *7.00-19.00*

Day Moon Bread $

18 B5

Las crujientes hogazas y galletas horneadas con harina 100% californiana son un éxito en el mercado agrícola de Clement St *(9.00-14.00 do)*; en el escaparate anuncian los bocadillos del día. *9.00-16.00 ju-sa*

Breadbelly $

19 F2

En Clement St, hornea pasteles daneses de moras y sésamo negro, y unta *kaya* de coco y *pandan* sobre pan de leche tostado; hay que darse prisa, pues se acaban enseguida. *8.00-14.00 mi-lu*

Almuerzos en Richmond

Taquería Los Mayas $

20 H2

Adiós a los tacos: los *panuchos* (tortillas rellenas de frijoles) están llenos de cochinita pibil yucateca (cerdo asado picante) o cerdo *poc-chuc* a la parrilla, cebollas encurtidas, ensalada de col y salsas sensacionales. *11.00-21.00*

Dragon Beaux $$

21 E2

Hong Kong se fusiona con Las Vegas en este decadente restaurante cantonés que ofrece suculento pato, *xiaolongbao* de cinco sabores, *congee* de cangrejo y tés de primera. *11.00-15.00 y 17.00-21.00 lu-vi, desde 10.00 sa y do*

Bettola $

22 H2

Esta amigable *tavola calda* ("mesa caliente") de barrio ofrece auténtica lasaña, *pizza* blanca con *prosciutto* y pollo asado en salmuera con vino italiano en copa o botella. *11.00-21.00*

Han Il Kwan $

23 E2

Surfistas y abuelas disfrutan de impresionantes almuerzos coreanos especiales: múltiples *banchan* (guarniciones), platos chisporroteantes de carnes marinadas y cuencos de piedra repletos de *bibimbap*. *11.00-20.00 do y lu, hasta 21.00 ju-sa*

Beber

Bebidas al atardecer

Andytown Coffee

24 B6

Hay que ir temprano a tomar un Snowy Plover: doble *espresso* (o *matcha*) con agua con gas, hielo y nata montada, además de pan de soda irlandés horneado aquí. *7.00-17.00*

Woods Outbound

25 B5

Cervezas artesanas con ingredientes inesperados (hibisco, yerba mate, virutas de cacao) y cerveza/vino cofermentados del norte de California, desde la rubia albariño a la *red ale* merlot. *16.00-22.00 lu-vi, 12.00-23.00 sa, 13.00-20.00 do*

Palm City Wines

26 B5

Rincón soleado que sirve vino natural con bocadillos abundantes (Ribolla Gialla de maceración pelicular con bocadillos de ensalada de gambas), además de platos calientes especiales los lunes/martes de "descorche libre". *16.00-22.00 lu y ma, 12.00-21.00 mi-do*

PAULAAH293/SHUTTERSTOCK

Foggy Notion.

Judahlicious Vegan Cafe

27 B5

Batidos ecológicos hechos a demanda como el N-Line (plátano, piña, mango, coco), además de café ecológico de comercio justo, yerba mate y chile vegano de la casa. *9.00-17.00*

Un brindis en Richmond

Plough & Stars

28 H1

Artistas de renombre, desde irlandeses hasta de los Apalaches, tocan *seisiúns* (improvisaciones) aquí, haciendo pausas para brindar con pintas de Guinness en las mesas del Union Hall. La entrada es una ganga (6-20 US$). *15.00-2.00 mi-do*

High Treason

29 G2

Este local es una prueba de que es posible conseguir buen ambiente y excelentes vinos con un presupuesto limitado, con cosechas de culto por copas, vinilos eclécticos y DJ enólogos los lunes. *16.00-22.00*

Violet's Tavern

30 E2

Happy hours de 17.00 a 18.00 para brindar con Ultraviolets (cócteles de ginebra morada con clitoria) o Phony Negronis sin alcohol, y quedarse a disfrutar del *cioppino* latino, el guiso de marisco de SF con un toque de chile peruano. *17.00-21.00*

Tommy's Mexican Restaurant

31 E2

El templo del tequila de SF desde 1965 sirve pura felicidad en forma de margarita; las enchiladas ralentizan el ritmo de los 400 tequilas de agave azul seleccionados. *17.00-20.30 mi-vi, desde 13.00 sa y do*

Beach Chalet

32 A4

Cervezas artesanas con vistas: uno puede contemplar las puestas de sol del Pacífico con pintas de cerveza Riptide Red y admirar los frescos de la década de 1930 que celebran la construcción del Golden Gate Park de camino al baño. *9.00-20.00 lu-mi, hasta 21.00 ju y vi, 10.00-20.00 sa y do*

Comprar

Recuerdos de San Francisco

Foggy Notion

33 H1

Uno no puede llevarse el Golden Gate Park a casa, pero Foggy Notion ofrece recuerdos sensoriales de la naturaleza urbana de SF: el baño de inmersión "anti malas vibras" de Wild Yonder, los calcetines Replant de algodón ecológico con estampado de secuoyas, y velas con aroma a Clement St. *10.00-18.00 lu-sa, 9.00-17.00 do*

Green Apple Books

34 G1

Conviene salir de esta madriguera literaria mientras se pueda, cargado de libros de cocina usados por chefs de SF y novelas recién publicadas firmadas por autores locales. Se pueden descubrir más libros, lecturas en la tienda y eventos en Green Apple Books on the Park (1231 9th Ave). *10.00-21.00*

Case for Making

35 B5

Cuadernos de dibujo, pinceles, paletas y pinturas hechas a mano que capturan la niebla sutil y los tonos del océano de SF. *11.00-18.00*

Hallazgos únicos

Park Life

36 H1

En esta tienda de diseño, editorial independiente, galería de arte y sede de la Feria del Libro de Arte de SF, todo en uno, se pueden encontrar hallazgos como las camisetas Scooters for Peace de Barry McGee, velas con aroma a feria del libro, y libros de bolsillo pintados a mano por la artista de SF Bridget Watson Payne. *10.00-18.00 lu-sa, hasta 17.00 do*

Love Street Vintage

37 E3

Ropa para festivales en parques y prendas *vintage* raras a precios fantásticos, de camisetas hawaianas psicodélicas de la década de 1960 a vestidos largos bordados y pulseras de plata hechas a mano por *hippies*. *11.00-18.00 ju-lu*

Tunnel Records

véase 4 E2

En el vestíbulo del Four Star Theater se encuentran vinilos antiguos, carteles de películas en perfecto estado y folletos originales de espectáculos legendarios de SF, incluido un evento a beneficio de Dead Kennedys para la campaña a la alcaldía de Jello Biafra en 1979. *12.00-18.00 lu-vi, desde 11.00 sa y do*

POWELL
AND
MARKET
HYDE AND BEACH
FISHERMANS
WHARF
11

Guía práctica

Línea de funicular Powell-Hyde.
BEN BRYANT/SHUTTERSTOCK

Viajar en familia

San Francisco es ideal a cualquier edad. Aunque tiene la menor cantidad de niños per cápita de todas las ciudades de EE UU, ofrece muchas experiencias intergeneracionales, sobre todo para los curiosos de la naturaleza, el arte, los deportes y la ciencia.

Attracciones del Pier 39

En el **Pier 39** (p. 54) se puede ver los **leones marinos** *(gratis)*, sacar fotos familiares en el carrusel de San Francisco *(6 US$)*, y subir las **escaleras musicales** *(gratis)* con teclas de piano para conseguir entradas con descuento para el **Aquarium of the Bay** en el 2° piso del **California Welcome Center.**

AVENTURAS EN EL GOLDEN GATE PARK

En este parque se puede remar en el lago Stow, patinar en JFK Drive, y ver pingüinos en la California Academy of Sciences. **Escanea este código QR para explorar actividades en el parque.**

Parques infantiles y 'skateparks'

Los parques infantiles mejor equipados están en el Golden Gate Park, Tunnel Tops y el Portsmouth Sq Dolores Park. Se disfruta del ambiente intergeneracional en el **Potrero del Sol/La Raza Skatepark** (p. 130), donde legendarios patinadores urbanos ceden el paso a los más pequeños en el *bowl* inferior; se pueden comprar tablas en la cercana Mission Skateboards.

Equipo de alquiler

Cloud of Goods *(cloudofgoods.com)* alquila cochecitos, sillas de ruedas y patinetes eléctricos, y **Baby's Away** *(babysaway.com)* alquila cochecitos, sillitas de coche y cunas.

Días de playa

En Crissy Field East Beach uno puede hacer castillos de arena y pícnics con vistas del puente Golden Gate.

Menús infantiles

Los platos y porciones pequeños como el *dim sum* facilitan que los niños prueben la comida sin comprometerse con platos principales para adultos. Hay menús infantiles en Wharf y en los locales de comida rápida e informal del Downtown.

FOTOSLAZ/SHUTTERSTOCK

Alojamiento

Los hoteles se agrupan en el centro y el paseo marítimo, cerca de los principales atractivos y lugares de ocio: se puede tomar el transporte público o compartir coche para llegar a los barrios más animados.

Si gusta...

Naturaleza en la ciudad

Presidio, Marina y Fisherman's Wharf (p. 43)
Se puede entrar en contacto con la naturaleza en los alojamientos del parque en Presidio, en los moteles de Marina cerca de Crissy Field, o en Fisherman's Wharf, para oír a los leones marinos.

IMPRESCINDIBLE

Lo mejor...

Japantown, Fillmore y Pacific Heights (p. 105) Se vive la fantasía de un drama de época en un salón victoriano, tomando el té en un B&B de una histórica Painted Lady, y escuchando música en los locales de Fillmore. El día siguiente toca recuperarse en los *spas* de Japantown, hacer un pícnic en Alamo Sq, recorrer las *boutiques* de Divisadero y comer fideos en el Japan Center.

Arte y fiesta

Downtown, Civic Center y SoMa (p. 63) Los hoteles históricos de Union Square están cerca de teatros, museos, salas de conciertos y los lugares de moda de SoMa, como clubes, bares y legendarios locales LGTBIQ+.

Estancias 'gourmet'

Chinatown y North Beach (p. 87) Destino gastronómico internacional de aromas deliciosos: *dim sum*, *pizza*, restaurantes aclamados, vinotecas y cantinas.

Vida LGTBIQ+

Castro (p. 141)
El histórico barrio gay en el corazón de SF, con locales con bandera arcoíris, cafés, bares y clubes de ambiente gay día y noche.

Paz, amor y ambiente

Haight y Hayes Valley (p. 157) Para empezar un nuevo día entre murales psicodélicos, músicos de *jazz* y monjes zen en los emblemáticos barrios del centro.

CUÁNTO CUESTA

Hotel emblemático
desde 220 US$

Posada histórica o B&B
150-270 US$

Albergue
30-75 US$

Comida, bebida y fiesta

Alergias e intolerancias

Si uno menciona cualquier limitación dietética al reservar, lo atenderán con gusto. Si se tiene alergia o intolerancia alimentaria, hay que indicarlo antes de pedir, para que el camarero pueda asegurarse en la cocina de que los platos están preparados sin ese ingrediente. Los viajeros con alergias alimentarias deben seguir las recomendaciones de su médico, como llevar antihistamínicos o epinefrina por si caso.

Gastronetas

Los mejores vendedores ambulantes flanquean el **mercado agrícola de Ferry Building** (p. 66), los **mercados al aire libre de Fort Mason** (p. 56) y **Presidio Pop Up** (p. 49).

VEGETARIANA Y VEGANA

En SF los vegetarianos y veganos tienen muchas opciones, desde *sushi* vegano a alta cocina vegetariana. Los vegetarianos más populares están en Mission y Haight, pero por toda la ciudad se ofrecen platos vegetarianos y veganos. El símbolo "V" resalta las opciones vegetarianas en las cartas, y se puede preguntar a los camareros por los platos marcados como "vegetariano/vegano opcional".

Sourdough

SF es el hogar del pan de masa madre, con un sabor característico a la autóctona *lactobacillus sanfranciscensis*. Se reconoce el sabor de la ciudad en *pizzas*, tortitas, panes de hamburguesa y productos horneados de masa madre. Si a alguien no le gusta, puede preguntar al pedir qué platos de la carta están hechos sin masa madre.

Cómo pagar la cuenta

Recargos Los impuestos (8,625%) y la propina obligatoria añaden un 25-30% a las cuentas de los restaurantes. Muchos restaurantes también añaden una "Healthy SF Fee" del 4-7% para cubrir los gastos de atención médica de los empleados. Algunos restaurantes de alta gama incluyen una comisión por servicio del 20% en vez de la propina; hay que revisar la cuenta antes de calcular la propina.

Dividir la cuenta Los restaurantes de SF dividen la cuenta entre dos o tres personas; hay que preguntar al recibirla. Si se va en grupo, pagan uno o dos, y luego se liquida el pago a través de una aplicación para compartir dinero como PayPal o Venmo.

PRECIOS

Los siguientes rangos de precios se refieren al precio medio de un plato principal.

**$** menos de 20 US$

**$$** 20-30 US$

**$$$** más de 30 US$

HORARIOS

Almuerzo Suele ser de 11.30 a 14.00, aunque no todos los restaurantes abren para el almuerzo.

Cena De 17.30 a 21.00; el último pedido puede ser a las 20.30.

'Brunch' Fines de semana, 11.00-15.00.

CUÁNTO CUESTA

Burrito
9-14 US$

Tres 'dumplings'
4-12 US$

Porción de 'pizza'
5-8 US$

Cóctel
8-16 US$

'Espresso'
4-6 US$

Cerveza artesana
7-9 US$

Copa de vino del norte de California
9-18 US$

Salir

En la puerta
Muchos clubes cobran 10-30 US$ en la puerta, a menos que uno vaya antes de las 22.00 o se apunte a la lista de invitados en línea. En general, solo se espera 15 min para entrar a cualquier lugar.

Locales LGTBIQ+ Uno puede encontrar la onda gay en los clubes de Castro (p. 153), brindar por la historia femenina en bares lésbicos de Mission (p. 129), y asistir a espectáculos *drag* en el Distrito Cultural del Cuero y LGTBIQ de SoMa (p. 74).

Locales que aceptan heteros Los DJ marcan la pauta en los clubes, donde el ritmo mezcla a gais y heteros en la pista de baile. Muchos locales *queer* (no todos) reciben a aliados heterosexuales.

Hora de cierre El último pedido en muchos clubes es sobre las 22.30 entre semana y a la 1.30 los fines de semana; muchos cierran en torno a las 2.00, aunque algunos *after hours* de SoMa abren hasta el amanecer los fines de semana.

DESDE LA IZDA.: ANGGALIH PRASETYA/SHUTTERSTOCK, 1000PHOTOGRAP. HY/SHUTTERSTOCK

Comunidad LGTBIQ+

No importa de dónde sea uno ni quién sea su papá: si está aquí y es LGTBIQ+, esta es su casa.

Centros de cultura LGTBIQ+

Las personas LGTBIQ+ viven, trabajan y se divierten por todo SF. El orgullo gay detiene el tráfico en **Castro,** donde los cruces peatonales tienen rayas arcoíris (en la fiti) y las placas en las aceras honran a figuras LGTBIQ+, incluido el supervisor de SF Harvey Milk, que desgastó los zapatos en sus campañas por los derechos civiles, como se puede ver en el GLBT Historical Society Museum (p. 149).

El primer Distrito Cultural Transgénero del mundo (p. 75) está en **Tenderloin,** donde las mujeres trans sufrieron acoso policial en 1966. El Distrito Cultural del Cuero y LGTBIQ (p. 74) está en **SoMa,** el corazón del ambiente de clubes y bares de cuero.

Polk St albergó a marineros gais desde la II Guerra Mundial, y **Broadway St** de North Beach albergó los primeros bares lésbicos y *drag* de EE UU en la década de 1930; hoy la zona lésbica es **Mission** (p. 129).

IMPRESCINDIBLES

ORGULLO TODO EL AÑO

Junio celebra el mes del Orgullo (p. 32) y es glorioso, pero no es el único evento destacado del calendario LGTBIQ+.

Abril trae el Hunky Jesus Contest (p. 128) y la Semana de la Visibilidad Lésbica.

Agosto es el Mes de la Historia Trans.

Septiembre se pone picante en la Folsom Street Fair (p. 75).

Octubre trae la Castro Street Fair y el Día Nacional de Salir del Armario.

Diciembre celebra el Coro de Gais de SF (p. 128).

HOMOBILES

Se puede regresar a casa sano y salvo con transporte seguro, basado en donaciones por y para la comunidad LGTBIQ+ de **Homobiles.** Los conductores ofrecen viajes las 24 h del día y los 7 días de la semana. Para un servicio más rápido, enviar un SMS al 415-574-5023.

EVA CARRE/SHUTTERSTOCK

— SELFIS DE LUGARES EMBLEMÁTICOS LGTBIQ+ —

Hay que posar junto a las icónicas marquesinas del Castro Theatre y el Brava Theater. Escanear este código QR para ver qué hay en el **Brava Theater.**

Recursos

- **Bay Area Reporter** *(ebar.com)* cubre noticias y eventos comunitarios desde 1971.
- **San Francisco Bay Times** *(sfbaytimes.com)* ofrece noticias LGTBIQ+ y carteleras.

Salud y seguridad

San Francisco ofrece servicios para que todo el mundo pueda disfrutar al máximo de la vida en la ciudad.

CONSEJOS DE SEGURIDAD

SF tiene tasas de delitos violentos bastante bajas para EE UU. Una de las principales preocupaciones son los robos con violencia en coches. De noche, en zonas con poca luz, hay que guardar los objetos de valor y quitarse los auriculares. Si uno se siente inseguro al caminar o esperar el transporte público, puede hacer viajes compartidos.

Servicios de salud gratuitos y de bajo costo

SF brinda atención médica asequible para todos; pueden consultarse las opciones en la **SF Service Guide** *(sfserviceguide.org)*. **Lyon-Martin Community Health Services** da servicios con precios asequibles a mujeres, personas no binarias y trans. **Strut** (p. 151) ofrece asesoría con tarifas variables, prevención del VIH (PEP y PrEP), vacunas contra la viruela del mono (MPOX) y la hepatitis C. **SF City Clinic** facilita PrEP, PEP, anticonceptivos y pruebas y tratamiento de ETS. La **AITC Immunization & Travel Clinic** ofrece pruebas y vacunas gratuitas o de bajo coste.

Seguro

Hay que comprobar si el seguro médico cubre viajes a California. Si no, conviene contratar un seguro de viaje.

Urgencias

SF cuenta con buenas instalaciones médicas y centros de urgencias en cada barrio. Entre los principales hospitales con Urgencias están el **University of California San Francisco Medical Center** y el **San Francisco General Hospital.**

APOYO EN CASOS DE CRISIS

La **Drug & Alcohol Emergency Info Line** ayuda a prevenir suicidios y sobredosis. El **Trauma Recovery & Rape Treatment Center** ofrece servicios de apoyo tras violaciones.

A TENER EN CUENTA

Seguridad
No hay que dejar portátiles sin vigilancia en los cafés.

Privacidad
En California, no se puede grabar a alguien sin su consentimiento.

Marihuana
Es legal para adultos mayores de 21 años con carnet en California; conducir bajo sus efectos, no.

Turismo responsable

Estos consejos son para dejar una mínima huella de carbono y tener un impacto positivo en las comunidades.

Ayudar a mantener la ciudad verde

Todos los habitantes de SF viven a menos de 10 min a pie de un parque. Las jardineras en las aceras y las entradas de vehículos convertidas en jardines contribuyen al mantenimiento de especies raras como la manzanita de San Francisco y la mariposa azul de Mission, lo que convierte a la ciudad en la líder mundial en biodiversidad urbana. Se puede apoyar a SF y sus mariposas usando transporte de emisiones cero y apoyando iniciativas verdes, como el compostaje en toda la ciudad.

Montar en funicular

Los funiculares de SF tienen más de 150 años, pero son vanguardistas: suben por las vías gracias a energía hidroeléctrica renovable y se sirven de la gravedad cuesta abajo.

IMPRESCINDIBLE

Paz, amor y almuerzo

En la década de 1960, los *hippies* de Haight y los Panteras Negras repartían alimentos gratis en el Área de la Bahía; ahora uno se contagia de ese ambiente vecinal siendo voluntario en el **programa de alimentos de Haight Ashbury** *(thefoodprogram.org)*.

Gangas 'vintage'

Con las gangas *vintage* de SF todos ganan: el cliente ahorra dinero y consigue recuerdos únicos, el medioambiente respira aliviado, y la magia de San Francisco se mantiene en circulación. Hay tiendas de moda *vintage* en Haight (p. 163), Mission y North Beach.

DESDE LA IZDA.: JACK-SOOKSAN/SHUTTERSTOCK, MAREKULIASZ/SHUTTERSTOCK, ERMAK OKSANA/SHUTTERSTOCK

Recursos

- **San Francisco Environment Department** *(sfenvironment.org/events)* ecologistas de SF en acción.
- La **San Francisco Bicycle Coalition** ofrece planos de ciclismo en las calles de SF para promover un transporte divertido y sin emisiones.

BOLSAS DE CASA

San Francisco prohibió las bolsas de plástico para avanzar en su objetivo de convertirse en una ciudad sin residuos en el 2040. Uno puede apoyar ese objetivo llevando una bolsa reutilizable y ahorrándose la tarifa de 0,25 US$ que pide la ciudad.

Compostaje

Junto a los contenedores azules de reciclaje en los cafés y restaurantes de SF, hay un contenedor verde para compostaje: restos de comida, servilletas de papel y recipientes, vasos y pajitas de comida para llevar compostables. (SF prohibió las pajitas de plástico en el 2019). Desde que implementó el compostaje obligatorio en el 2009, la ciudad ha proporcionado más de 907 toneladas de compost a granjas, huertos y viñedos locales.

REUTILIZACIÓN CREATIVA

Desde 1990, Recology, la empresa de recogida de residuos de SF, ha patrocinado a más de 300 artistas con residencias en el vertedero.

Escanea este código QR para inspirarse en el arte reutilizado.

El cambio climático y los viajes

Es imposible desconocer el impacto de los viajes y la importancia de hacer cambios. Lonely Planet anima a los viajeros a involucrarse en su huella de carbono. Varias calculadoras en línea permiten saber las emisiones de carbono que genera un viaje, como *resurgence.org/resources/carbon-calculator.html*. Muchas aerolíneas y portales de reservas ofrecen compensar el impacto de los gases con iniciativas respetuosas con el clima. Lonely Planet compensa la huella de carbono de todos los viajes de su personal, sabiendo que es un atenuante más que una solución.

La **calculadora de compensación de carbono de la ONU** muestra el impacto de volar en las emisiones de un hogar

La **calculadora de emisiones de carbono de la OACI** permite a los visitantes analizar el CO2 generado por los viajes de un punto a otro

Accesibilidad

Atractivos accesibles

Las aceras de SF son accesibles para sillas de ruedas y hay opciones de transporte público accesible y senderos accesibles en sus parques. Entre los principales atractivos accesibles en silla de ruedas están el Exploratorium, el SFMOMA, Alcatraz, Presidio y el Asian Art Museum. La organización **SF Travel** *(sftravel.com/accessibility-san-francisco)* ofrece consejos para viajes accesibles en SF, como circuitos, lugares accesibles y guías del Golden Gate Park.

Apoyo a familias

Support for Families *(supportforfamilies.org)* ofrece recursos esenciales y una comunidad para familias con niños discapacitados. Se puede obtener apoyo por teléfono al 415-920-5040. Se aceptan voluntarios.

Tránsito accesible

La **San Francisco Bay Area Regional Transit Guide** *(511.org/transit/accessibility)* cubre opciones de transporte para personas con discapacidad. **Muni** *(sfmta.com/muni-access-guide)* ofrece información sobre rutas de autobús y paradas de funicular accesibles en sillas de ruedas.

ALQUILERES

Cloud of Goods *(cloudofgoods.com)* alquila sillas de ruedas y patinetes eléctricos. Las principales empresas de alquiler proporcionan vehículos de control manual (pedirlo con antelación), y **Wheelchair Getaways** *(wheelchairgetaways.com)* alquila vehículos con rampa.

IMPRESCINDIBLE

Para aventuras al aire libre accesibles, **Environmental Traveling Companions** *(etctrips.org)*, de SF, organiza excursiones de *rafting*, kayak y esquí de fondo en California para gente con discapacidad de todas las edades. Fundado por personas con discapacidad en 1971, el **Bay Area Outreach and Recreation Program** (BORP; *borp.org*) organiza más de 20 actividades recreativas a la semana adaptadas en el Área de la Bahía, como salidas de senderismo y catas de vino en Sonoma.

TAXI Y ROBOTAXI

Uber WAV *(uber.com/us/en/ride/uberwav)* ofrece viajes en vehículos accesibles en silla de ruedas. **Waymo** *(waymo.com)* ofrece servicio de robotaxi sin conductor para personas con perros guía.

Recursos

- El **Independent Living Resource Center of San Francisco** *(ilrcsf.org)* ofrece consejos de viaje útiles, como información sobre accesibilidad en hoteles y transporte público.

Lo esencial

Horario comercial

Los horarios de los negocios de barrio de SF son irregulares; se pueden ver en línea o llamar antes. En general, el horario es el siguiente.

Bancos 9.00-16.30 o 17.00 lu-vi

Oficinas 8.30-17.30 lu-vi, aunque muchos vecinos teletrabajan

Restaurantes Desayuno 8.00-10.30; almuerzo 11.30-14.30; cena 17.30-21.00 laborables; sa y do *brunch* 10.30-14.30

Tiendas 11.00-17.00 o 18.00 lu-sa, a veces 12.00-18.00 do

Bares y clubes Casi todos abren hasta las 2.00 el fin de semana. Entre semana quizá cierren antes de las 24.00; algunos abren el domingo por la tarde

ELECTRICIDAD

110-120 V/60 Hz

Tipo A
120V/60Hz

Tipo B
120V/60Hz

Fiestas oficiales

Los festivos que pueden afectar al horario comercial y de transporte son:

Año Nuevo 1 de enero

Día de Martin Luther King Jr Tercer lunes de enero

Día de los Presidentes Tercer lunes de febrero

Semana Santa Marzo o abril

Día de los Caídos Último lunes de mayo

Juneteenth 19 de junio

Día de la Independencia 4 de julio

Día del Trabajo Primer lunes de septiembre

Día de los Pueblos Indígenas/Día de Colón Segundo lunes de octubre

Día de los Veteranos 11 de noviembre

Acción de Gracias Cuarto jueves de noviembre

Navidad 25 de diciembre

Fumar

Está prohibido fumar y vapear en casi todos los lugares de reunión de SF, como restaurantes, bares, teatros, museos, estadios, lugares de trabajo, vehículos y paradas de transporte público, además de zonas al aire libre donde se sirva comida, mercados agrícolas y parques. Algunos bares tienen zonas para fumadores; si no, se puede buscar un lugar lejos de las puertas de los negocios abiertos.

A TENER EN CUENTA

Hora local PST/PDT (GMT/UTC -7/-8 h)

Código del país +1

Teléfono de emergencias 911

Población 842 000

Índice

Puntos de interés p. 000
Páginas de los mapas **p. 000**

Véanse también los subíndices:
Comer p. 205
Beber p. 206
Comprar p. 207

Comer

Beber

Comprar

La opinión del lector

Nos encanta escuchar a los viajeros ya que vuestros comentarios nos ayudan a mejorar nuestros libros. Podéis enviarlos a lonelyplanet.com/contact. Leemos todos los mensajes y garantizamos que estos llegan a los autores.

Nota: Es posible que determinados fragmentos de estos mensajes aparezcan en nuevas ediciones de las guías Lonely Planet, en la web o en productos digitales. Se ruega a todo aquel que no desee ver publicado este contenido ni que figure su nombre que lo haga constar. Para obtener una copia de nuestra política de privacidad, visita lonelyplanet.com/legal.

geoPlaneta
Av. Diagonal 662-664, 08034 Barcelona
www.geoplaneta.com – www.lonelyplanet.es

Lonely Planet Global Limited
Lonely Planet Global Limited, Digital Depot,
The Digital Hub, Dublín D08 TCV4, Irlanda
www.lonelyplanet.com
Contacta con Lonely Planet en: lonelyplanet.com/contact

San Francisco de cerca
6ª edición en español – abril del 2026
Traducción de *Pocket San Francisco*, 10ª edición – enero del 2026
© Lonely Planet Global Limited
1ª edición en español – marzo del 2013

Editorial Planeta, S.A.
Av. Diagonal 662-664, 7º. 08034 Barcelona (España)
Con la autorización para la edición en español de Lonely Planet Global Limited, Digital Depot,
The Digital Hub, Dublín, D08 TCV4, Irlanda

© Textos y mapas: Lonely Planet, 2026
© Fotografías: según se relaciona en cada imagen, 2026
© Edición en español: Editorial Planeta, S.A., 2026
© Traducción: María Olalla Gastón, 2026

ISBN: 978-84-08-31285-7
Depósito legal: B. 18.498-2025
Impresión y encuadernación: Unigraf
Printed in Spain – Impreso en España